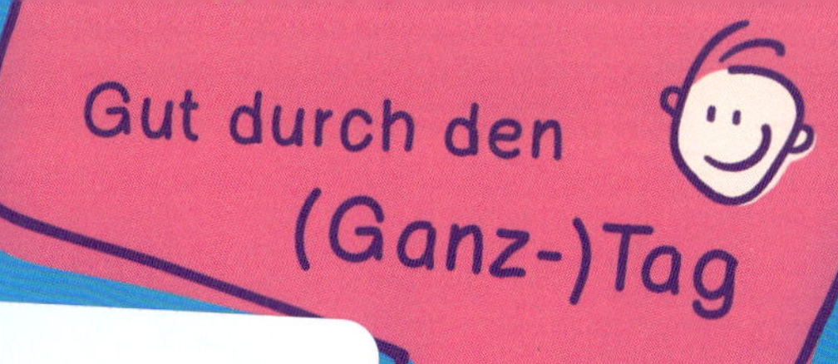

So gelingt die Elternarbeit in Ganztag und Hort

→ Erziehungspartnerschaft leben
→ Konflikten vorbeugen → Gespräche gestalten

Yvonne Wagner

Verlag an der Ruhr

Impressum

Titel
Gut durch den (Ganz-)Tag
So gelingt die Elternarbeit in Ganztag und Hort
Erziehungspartnerschaft leben – Konflikten vorbeugen – Gespräche gestalten

Autorin
Yvonne Wagner

Umschlagmotive
Foto vorne: © detailblick-foto – Fotolia.com, Hellblauer Streifen: © perekotypole – Fotolia.com,
Foto hinten: © nadezhda1906 – Fotolia.com
Strichmännchen: © strichfiguren.de – Fotolia.com

Grafikelemente im Innenteil
© Verlag an der Ruhr, wenn nicht anders angegeben
Hellblauer Streifen (oben und unten): © perekotypole – Fotolia.com

Druck
AZ Druck und Datentechnik GmbH, Kempten, DE

Verlag an der Ruhr
Mülheim an der Ruhr
www.verlagruhr.de

Geeignet für ErzieherInnen, Leitungen und pädagogische Fachkräfte in Hort und Ganztag

ISBN 978-3-8346-4203-5

Inhalt

Vorwort

Nach der Schule nach Hause gehen, zu Fuß natürlich, das Mittagessen steht schon auf dem Tisch und die Mutter begrüßt dich freundlich. Nach dem Essen zusammen mit den Geschwistern und der Mutter schnell die Hausaufgaben machen, ein bisschen üben und fertig. Jetzt geht's endlich raus. Die anderen warten schon am alten Spielplatz. Es wird gelacht, gequatscht, getobt und ein paar Freunde schmieden Pläne für das Wochenende.

So war das einst, als die meisten Mütter (zumindest in den westlichen Bundesländern) oft allenfalls halbtags arbeiteten, Eltern ihren Kindern zutrauten, ihre Freizeit selbst zu gestalten, und Smartphones noch nicht so verbreitet waren wie heute. Telefon und Fernseher schränkten das spontane Miteinander zwar ein, weil plötzlich einige der Freunde lieber zu Hause blieben, doch die meisten Kinder trafen sich eher persönlich.

Im Laufe der Jahre wurden immer mehr Frauen berufstätig oder hatten nur eine kurze Elternzeit und sind danach wieder in den Beruf eingestiegen. **Horte und Ganztagsschulen** entstanden und verbreiteten sich allmählich in ganz Deutschland. In den östlichen Bundesländern waren sie bereits vorher sehr verbreitet und rege besucht. Hier gab es zunächst Mittagsbetreuungen, die, bis heute von Laien betrieben, Kindern Mittagessen, Hausaufgabenbetreuung und Beaufsichtigung boten.

Heute sind Ganztagsangebote **in vielen Regionen selbstverständlich** und in Städten gar nicht mehr wegzudenken. Dass Frauen genauso arbeiten wie Männer und beide Geschlechter sich für die Erziehung der Kinder verantwortlich zeigen, sollte ebenso überall angekommen sein.

Nun gilt es, den **Erziehungsauftrag** der Eltern mit dem der Schulen und Horte zu vereinbaren. Eine **Erziehungs- und Bildungspartnerschaft** wird angestrebt. Denn Bildung zu vermitteln, im Sinne von Selbstbildung, Lernfähigkeit und Entwicklung, ist ebenso die Aufgabe beider Partner wie die Erziehung.

Was aber macht eine **gute Zusammenarbeit** von Eltern und pädagogischen Fachkräften sowie Lehrerinnen[1] aus? Im vorliegenden Buch gebe ich Ihnen zunächst einen **Überblick** über rechtliche und bundesländerspezifische Informationen zum Thema „Hort und Ganztag". Es folgen **Anregungen und Informationen**, wie Sie Eltern gut und strukturiert über Angebote und Inhalte der Einrichtung informieren können. Anschließend bekommen Sie **Impulse**, wie Sie Eltern zur Mitarbeit motivieren und gemeinsam für die Kinder eine bestmögliche Zeit im Hort oder in der Ganztagsschule schaffen können. Außerdem gehe ich kurz auf **Problemsituationen** mit Eltern und/oder Kindern ein und wie man diese im Sinne aller lösen kann. Dabei steht das **Team** der Einrichtung im Mittelpunkt, denn es ist das zentrale Instrument, das die Elternarbeit einer Einrichtung gemeinsam gestaltet. Eines zieht sich durch alle Kapitel – **eine positive, wertschätzende und offene pädagogische Haltung**.
Ich hoffe, Ihnen mit meinen Ausführungen dazu ein bisschen Mut machen zu können, dass die Zusammenarbeit mit Eltern möglich ist und sogar Spaß machen kann. Lassen Sie sich darauf ein und begegnen Sie den Eltern mit Interesse und Zuversicht.

Alles Gute für Sie und Ihr Team wünscht

Yvonne Wagner

© Yvonne Wagner

[1] Um alle pädagogischen Fachkräfte gleichermaßen anzusprechen, wird in diesem Buch vermischt mal die männliche, mal die weibliche und mal die sachliche Form „pädagogische Fachkraft" genutzt.

Hintergründe

Mit Eltern zusammenarbeiten?

Elternarbeit, so nannte man es bis vor einigen Jahren, wenn pädagogische Fachkräfte mit Eltern Gespräche führten, Elternabende durchführten, informierten und Feste organisierten. Wie „Schularbeiten" oder „Hausaufgaben" hat auch der Begriff „Elternarbeit" einen eher negativen Klang, suggeriert er doch, dass es Arbeit bedeutet, mit Eltern in Kontakt zu treten.

Zusätzlich hat sich der Begriff **Elternmitarbeit** etabliert, der die andere Seite aufzeigt – die Leistungen der Eltern für die Einrichtung. Dass beide „Parteien" sich verbinden, um Hand in Hand für die Kinder da zu sein, konnte man diesen Begriffen nicht ablesen.

Anfang der 2000er-Jahre wurden die schlechten Ergebnisse Deutschlands bei der PISA-Studie bekannt. Ausgehend von Überlegungen von Wissenschaftlern und Politikern, wurde beschlossen, dass Bildung bereits in Krippe und Kindergarten vermehrt und intensiver stattfinden soll. So mussten sich Politik, Träger und Einrichtungen darum kümmern, Bildungsmöglichkeiten zu schaffen und auch im Elternhaus zu verstärken. So entstand nach und nach der Begriff der „Bildungspartnerschaft". Da die Erziehung der Kinder nicht zu kurz kommen soll, ist heute meist die Rede von einer **Erziehungs- und Bildungspartnerschaft** zwischen Eltern und pädagogischen Fachkräften.

Hier kommt nicht zum Ausdruck, dass der Begriff „Erziehung" inzwischen ebenfalls hinterfragt wird. Sollen wir Kinder erziehen – was möglicherweise ziehen, zerren und lenken beinhaltet? Oder sollen wir sie vielmehr durch unser Vorbild bereichern, ihnen Möglichkeiten aufzeigen und sie bei ihrer Entwicklung begleiten? So wäre der Begriff der **Lebens- oder Entwicklungsbegleiterin** vielleicht angebrachter als die Berufsbezeichnung „Erzieherin". Gemeinsam mit den Eltern der Kinder können Erzieher die Entwicklung der Kinder begleiten, mal fordern, mal fördern und mal nur beobachten. Das Kind steht als „Konstrukteur seines Lebens und Lernens" im Mittelpunkt, Eltern, Erzieherinnen und Lehrer sind Unterstützer und Wegbegleiter.

Häufig ist nun die Rede von einer „Erziehungs- und Bildungspartnerschaft auf Augenhöhe". Gemeint ist die Annahme, dass Eltern als Experten für ihr Kind gelten. Erzieher und Lehrerinnen als pädagogische Experten und die Experten fürs eigene Kind, sprich die Eltern, begegnen sich somit in etwa auf einer Ebene. Diese Annahme birgt auch Gefahren, wie Tanja Betz in einer

Zusammenfassung ihrer Studie über „Das Ideal der Bildungs- und Erziehungspartnerschaft" schreibt: „Eine gute Zusammenarbeit zeigt sich [...] daran, dass alle Eltern als gleichwertige Partner der Fach- und Lehrkräfte angesehen werden. Damit wird auf der einen Seite die Rolle der Eltern bei der Bildung, Erziehung und Förderung der Kinder semantisch aufgewertet – als Partner auf Augenhöhe –, es ihnen damit aber gleichzeitig immer schwerer gemacht, die Zusammenarbeit (legitimerweise) zu verweigern. Auf der anderen Seite werden die professionellen Fach- und Lehrkräfte auf dieselbe Ebene mit den „pädagogischen Laien" – den Eltern – gestellt. Dies widerspricht zum einen klar der Professionalisierungsdebatte, die auf einen eindeutig markierbaren Unterschied zwischen beiden Gruppen zielt. Zum anderen werden mit der Idee der Partnerschaft auf Augenhöhe hierarchische Differenzen bzw. Machtverhältnisse verschleiert."[2]

In der Praxis lässt sich dieses „Miteinander auf Augenhöhe" kaum umsetzen, ohne entweder Eltern zu überfordern oder aber Fachkräfte zu degradieren. Vermutlich ist es daher effektiver, einen **wertschätzenden und respektvollen Umgang** mit allen Beteiligten zu fördern und zu pflegen, statt der Annahme zu verfallen, wer Mutter oder Vater ist, kann plötzlich pädagogischer Experte sein. Wahrscheinlich haben sich hier Annahmen und Begriffe vermischt, denn Experten ihres Kindes sind Eltern insofern, dass sie ihrem Kind (im besten Falle) am nächsten sind, es am längsten kennen und allein durch die Elternliebe auch das Beste für ihre Tochter oder ihren Sohn wollen. Ob sie dann auch pädagogisch immer auf dem bestmöglichen Weg sind, ist fragwürdig.

[2] Betz 2015, S. 8.

Viele Eltern benötigen Unterstützung und vor allem einfach mehrere Erzieher für ihr Kind, damit es sich gut entfalten kann.

Wozu dient nun aber diese Kooperation oder Partnerschaft der Eltern und pädagogischen Fachkräfte?

Eltern haben nicht nur das Sorgerecht für ihre Kinder, sondern auch eine Fürsorgepflicht ihnen gegenüber. Dazu gehört die Aufgabe der Bildung und Erziehung. So teilen sich Bildungs- und Erziehungseinrichtungen diesen Aufgabenbereich mit den Eltern bzw. ergänzen ihn. Schulen als Bildungsträger haben einen, wenn auch kleineren Erziehungsauftrag. Bei Horten und anderen schulergänzenden sozialpädagogischen Betreuungseinrichtungen steht die Erziehung der Kinder im Vordergrund und die Bildungsbegleitung gehört (heute) dazu. Sie sind keine Bildungseinrichtung im Sinne einer Schule (= Wissensvermittlung), sondern sorgen für die Ausbildung und Förderung lebenswichtiger Kompetenzen sowie die Unterstützung bei schulischen Belangen, insbesondere bei den Hausaufgaben.
Welche Rolle spielen die Eltern? Sollen Eltern nur informiert werden, weil es so sein muss bzw. wenn sich Probleme ergeben, und sie sich ansonsten weitestgehend aus den Belangen der Einrichtung raushalten? Oder ist es vielmehr wichtig, Eltern einzubeziehen, um den Kindern Halt zu geben, gemeinsame Erziehungs- und Bildungsziele anzustreben und eine entspannte, entwicklungsfördernde Atmosphäre zu schaffen?
Im Gegensatz zu vorübergehenden Kinderbetreuungsangeboten (Babysitter, Kaufhaus-Kinderecke) verstehen sich Horte und Nachmittagsbetreuungsangebote an Ganztagsschulen nicht als Dienstleistungen, die von Eltern (und Kindern) konsumiert werden können. Sie sind **(sozial-)pädagogische Institutionen mit klarem Bildungs- und Erziehungsauftrag**. Um diesen zu erfüllen, sind Eltern verpflichtet, mit dem pädagogischen Personal zu kooperieren.
In den Bildungs- und Erziehungsempfehlungen für Kindertagesstätten in Rheinland-Pfalz steht dieser Auftrag etwas genauer formuliert:
„Ziel einer effizienten Erziehungs- und Bildungspartnerschaft zwischen Eltern sowie Erzieherinnen und Erziehern muss eine auf Kooperation basierende Zusammenarbeit auf drei Handlungsebenen sein:

- Einbindung der Eltern in die Arbeit mit dem Kind,
- Erfahrungs- und Interessensaustausch zwischen Eltern und Erzieherinnen und Erziehern sowie den Eltern untereinander,
- Einbezug von Elternsichtweisen und Interessen in die pädagogische Arbeit."[3]

Hier wird deutlich, wie wichtig **Transparenz** ist, um Eltern aufzuzeigen, wie die Einrichtung arbeitet. Eltern können so bestimmte Verhaltensweisen der Kinder besser verstehen und im besten Fall „am gleichen Strang ziehen", sich also manchen pädagogischen Handlungsweisen anpassen, wie z. B. Ritualen oder Abläufen bei den Hausaufgaben.
Die Bildungskonzeption aus Mecklenburg-Vorpommern widmet der Bildungs- und Erziehungspartnerschaft ein ausführliches Kapitel. In den Leitgedanken wird erläutert, welchen Nutzen solch eine Partnerschaft hat. So lernen Kinder über die Vorbilder Eltern und Erzieherinnen, dass man sich gegenseitig mit Respekt, Achtung und Wertschätzung begegnen kann.[4]
Außerdem wird dort die Ansicht vertreten, dass eine gute Zusammenarbeit Probleme vermeiden kann: „Die Kooperation folgt dem gemeinsamen Ziel, optimale Bedingungen für die Förderung jedes einzelnen Kindes zu gestalten. Leitende Orientierung dabei ist, dass Probleme bei der Entwicklung der Kinder gar nicht erst entstehen (primäre Prävention)."[5]
Das **Kind und seine bestmögliche Entwicklung** stehen also im Mittelpunkt aller Belange und sollen immer der Antrieb für die Zusammenarbeit zwischen Eltern und Erziehern sein.

[3] Ministerium für Integration, Familie, Kinder, Jugend und Frauen, Rheinland-Pfalz 2017, S. 126.
[4] Vgl. Ministerium für Bildung, Wissenschaft und Kultur Mecklenburg-Vorpommern 2011, S. 262f.
[5] Ebd., S. 262.

„Eine Partnerschaft bietet den pädagogischen Fachkräften die Möglichkeit, die Eltern für einen gemeinsamen Prozess im Interesse des Kindes zu gewinnen, in den jeder seine Erfahrungen und Kompetenzen einbringen kann.
Eine Partnerschaft bietet den Eltern die Möglichkeit, sich auch außerhalb des familiären Kontextes für die Bildungs-, Erziehungs- und Betreuungsbedingungen ihres Kindes zu interessieren und sich an deren Gestaltung zu beteiligen."[6]
Bildungs- und Erziehungspartnerschaft bedeutet also – im Gegensatz zur „Elternarbeit" – Vorteile, Aufgaben und Pflichten für beide Seiten und zugleich einen Gewinn für das Kind. Letztendlich soll weder Erzieherinnen noch Eltern mehr Arbeit aufgebürdet werden. Sie sollen sich, im Gegenteil, gegenseitig unterstützen, um die Begleitung der Entwicklung aller Kinder der Einrichtung bestmöglich zu gewährleisten.

Eine Studie im Auftrag der Bertelsmann Stiftung hat die Sichtweisen und Erfahrungen von Eltern schulpflichtiger Kinder an Halb- und Ganztagsschulen untersucht. In der Auswertung haben die Autoren **zehn Wünsche** der Eltern zusammengefasst:

1. mehr Angebote zur individuellen Förderung
2. bessere Personalausstattung
3. besserer Informationsfluss zwischen Schule und Elternhaus
4. bessere Verzahnung von unterrichtlichen und außerunterrichtlichen Angeboten
5. Koordination der außerunterrichtlichen Aktivitäten durch die Schulleitung
6. größere thematische Vielfalt bei den Angeboten
7. Verbesserung in der schulinternen Abstimmung
8. eine generelle Verbesserung der Qualität
9. mehr Flexibilität bei den Betreuungszeiten und längere Betreuungszeit
10. mehr Beteiligung[7]

Einige der Wünsche stimmen vermutlich mit Wünschen von Lehrerinnen und Erzieherinnen überein, so z. B. die bessere Personalausstattung. Diese könnte auch dazu beitragen, die meisten anderen Wünsche zu erfüllen. Bei der Kritik einer mangelhaften Qualität müssen sich die pädagogischen Teams jedoch konkrete Ziele zur Verbesserung abstecken, auch mit einer eher schlechten Personaldecke. Eine bessere Flexibilität scheint in allen Einrichtungen kaum möglich zu sein, da sich hier die Organisation als sehr schwierig herausstellt. Der letzte Wunsch jedoch, die Beteiligung der Eltern, lässt sich sehr leicht erfüllen! Dazu finden Sie in diesem Ratgeber vielfältige Anregungen, die Sie auf Ihren Alltag in Hort und Ganztag abstimmen können.
Deutlich wird durch die Studie aber vor allem, dass Eltern großes **Interesse** daran haben, Einblick in das Geschehen in der Einrichtung zu erhalten und daran teilzuhaben.

[6] Ebd.
[7] Vgl. Bertelsmann Stiftung 2019, S. 56.

Lehrer, Eltern, Schüler und wir

Bildung findet in der Schule statt, Erziehung im Elternhaus. So hieß es noch bis vor einigen Jahren. Und diese Trennung haben viele Lehrer und Eltern verinnerlicht. Gab es in der Schule Probleme mit Kindern, z. B. weil sie sich nicht an Regeln hielten, unruhig waren oder dem Unterricht nicht folgen konnten, wurden deren Eltern einbestellt. Jetzt galt es, erzieherische Maßnahmen zu treffen, um die Bildungschancen zu erhöhen. Es wurde also in der Regel davon ausgegangen, dass die Erziehung durch die Eltern bestimmt, wie ein Kind sich verhält und ob es lernbereit ist. Heute ist man sich einig, dass beides, Bildung und Erziehung, sowohl in Schulen als auch im Elternhaus stattfinden müssen. In § 2 Abs. 3 des Schulgesetzes des Landes Nordrhein-Westfalen ist dies deutlich formuliert:
„Die Schule achtet das Erziehungsrecht der Eltern. Schule und Eltern wirken bei der Verwirklichung der Bildungs- und Erziehungsziele partnerschaftlich zusammen."
Lehrerinnen wissen, dass ihre pädagogische Haltung, ihre Kompetenz als Lehrende und ihr Erziehungsstil für einen gelingenden Unterricht prägend sind. Sozialpädagogische Einrichtungen, wie Horte und offener Ganztag, müssen ebenfalls beiden Aufgaben gerecht werden. Die **schulbegleitende Aufgabe** von Hort und Ganztag bringt mit sich, dass ein Austausch zwischen den drei Erziehungs- und Bildungspartnern stattfinden muss. Grundsätzlich tauschen sich Eltern einerseits mit den Lehrern ihres Kindes aus und teilen andererseits ggf. den pädagogischen Fachleuten im Hort/Ganztag nur die sie betreffenden Details mit. Auch finden mit Einwilligung der Eltern (Datenschutz) Gespräche zwischen Hort-/Ganztagmitarbeitern und Lehrerinnen statt. Diese sind insbesondere wichtig, um den Kindern bestmögliche **Unterstützung** bei den Hausaufgaben bieten zu können.

Tipp:
Es ist zu überlegen, ob es nicht sinnvoller wäre, gleich zu dritt zu sprechen oder solche gemeinsamen Gespräche zumindest im Falle von Schwierigkeiten und besonderen Situationen durchzuführen.

Beispiel:
Carla ist in der zweiten Klasse und weiß oft nicht, welche Hausaufgaben sie aufhat. Ihr Tornister ist jeden Tag sehr chaotisch. Das hat Susi, Erzieherin im offenen Ganztag, bereits seit längerer Zeit beobachtet.
In diesem Fall ist es sinnvoll, dass alle drei Partner, der Klassenlehrer Herr Drick, die Erzieherin Susi und die Eltern, gemeinsam – möglichst auch mit Carla – Lösungen finden.
Während eines gemeinsamen Gesprächs benennt jede Partei, welche die aktuellen Schwierigkeiten sind und was sie stört. Carla kann nun zunächst selbst äußern, was ihr dazu einfällt und welche Lösung sie vorschlägt. Schließlich äußern sich die anderen Gesprächspartner mit ihren Vorschlägen oder Ergänzungen. Carla könnte z. B. ihre Aufgaben in der Schule notieren, was von Herrn Drick und den Fachlehrern jeweils kontrolliert und abgehakt wird.
Bei den Hausausgaben achtet Susi auf die Durchführung und hakt ebenfalls ab, wenn sie die notierten Aufgaben gesehen hat und sie erledigt wurden. Carla streicht die Notiz durch, sobald die jeweilige Aufgabe fertig ist. So erhält sie einen Überblick und hat zugleich ein Erfolgserlebnis. Ihre Eltern sehen ebenfalls die Notizen an und erledigen gemeinsam mit ihr die restlichen Aufgaben, wie lesen, üben, lernen, bzw. sorgen dafür, dass Carla dies selbstständig tut. Außerdem halten sie sie an, täglich den Schulranzen ordentlich zu packen und aufzuräumen. Das heißt, dass sie auch Essensreste vom Vortag und Müll entsorgt. Durch die regelmäßige Kontrolle und Unterstützung entsteht eine Routine und Carla kommt bald selbstständig zurecht.

Schwierig wird es, wenn sich die Partner nicht einig sind. Wenn Eltern hohe Erwartungen haben, die weder der Hort noch die Kinder erfüllen können. Oder wenn in der Schule gar nicht bemerkt wird, dass ein Kind mehr Unterstützung bräuchte, und es stattdessen mit Strafen und negativer Kritik herabgesetzt wird. Eltern, Lehrerinnen und pädagogische Fachkräfte haben oft verschiedene Auffassungen von Lernen und Lehren sowie eine unterschiedliche pädagogische Haltung. Umstände, wie überfüllte Klassen, gestresste Lehrer, überforderte und ausgepowerte Eltern, tun ihr Übriges dazu, wodurch es dann oft zu Missverständnissen oder Konflikten kommt. Horte und Ganztagsschulen stehen meist dazwischen und fungieren als eine Art Anwalt für die Kinder. Sie unterstützen Kinder dabei, ihren Alltag zu bewältigen, selbstständig und selbstdenkend zu werden und sich zu äußern, wenn sie Schwierigkeiten haben. Als „Anwalt" müssen die Erzieherinnen aber auch (den Eltern, Lehrerinnen und Kindern) Grenzen aufzeigen und Kindern helfen, die in Schule oder Elternhaus „anecken". Dazu sollten Sie unbedingt alle Beteiligten ins Boot holen und gemeinsam mit den Partnern **an einem Strang ziehen**.

OGaTa, OGS, OGTS, Hort, Tagesheim – viele Namen, viele Gemeinsamkeiten

Kinder zwischen ca. sechs und zehn bzw. zwölf Jahren gehen in die Grundschule. Das ist in ganz Deutschland so, auch wenn manche Schulen möglicherweise einen anderen Namen haben oder die Altersspanne größer ist. In allen Schulen wird nach dem Lehrplan des jeweiligen Bundeslandes gearbeitet und je nach Schulform sind die Kinder in altershomogenen oder -heterogenen Klassen gruppiert. Was passiert aber, wenn der reguläre Unterricht vorbei ist? Dass Kinder mittags nach Hause gehen, dort mit den Eltern essen und ihre Hausaufgaben erledigen, bevor sie an Freizeitangeboten teilnehmen oder spielen, ist heute nicht mehr üblich. Viele Eltern müssen nachmittags arbeiten, sodass sie sich nicht um die Kinder kümmern können. Ganztagsbetreuung für Kinder im Grundschulalter ist sehr gefragt und wird in allen Bundesländern angeboten. Dafür gibt es **unterschiedliche Formen**:

Form	Zeiten	Angebot	Personal
Verlässliche Grundschule	ca. 7 Uhr bis 13 Uhr	zuverlässige Betreuung zu festen Zeiten	Lehrer, pädagogische Fachkräfte
Mittagsbetreuung	meist bis 14 Uhr	Mittagessen und meist auch eine Hausaufgabenbetreuung, evtl. auch Zeit zum Spielen	kein pädagogisches Fachpersonal, Eltern
Hausaufgabenbetreuung	bis längstens 16 Uhr	evtl. Mittagessen, Hausaufgaben werden betreut	Lehrer, pädagogische Fachkräfte oder Laien
Gebundene Ganztagsschule	meist bis 16 Uhr	Mittagessen, pädagogische/schulische Angebote/Unterricht, evtl. Hausaufgabenbetreuung	Lehrerinnen, pädagogische Fachkräfte
Horte	bis ca. 18 Uhr, auch während der Ferien geöffnet	Mittagessen, Hausaufgaben, pädagogische Angebote, Freizeitangebote	pädagogische Fachkräfte
Tagesheime/ Tagesheimschule	bis ca. 18 Uhr	im Klassenverband oder in festen Gruppen Mittagessen, Hausaufgabenbetreuung, pädagogische Angebote, Freizeitangebote	pädagogische Fachkräfte, Lehrerinnen
Offene Ganztagsschule (OGS, OGaTa, OGTS)	meist bis 16 Uhr	Mittagessen, Hausaufgabenbetreuung, pädagogische Angebote, Freizeitangebote	pädagogische Fachkräfte, Lehrer, Eltern, andere
Teiloffene Ganztagsschule	meist bis 16 Uhr	Mittagessen, Hausaufgabenbetreuung, pädagogische/ schulische Angebote	Pädagogische Fachkräfte, Lehrer

Im Folgenden geht es ausschließlich um die farbig markierten Betreuungsformen, die sich sehr ähneln. Allen gemein sind die drei pädagogischen Schwerpunkte: **familienergänzend**, **schulbegleitend** und **freizeitbegleitend**. D. h., die Einrichtungen unterstützen die Kinder zusätzlich zu ihren Familien bei allen Belangen des täglichen Lebens, die während der Zeit in der Einrichtung stattfinden (und darüber hinaus). Die pädagogischen Fachkräfte begleiten die Schüler, indem sie Hausaufgaben betreuen, Hilfestellungen bei Schulproblemen geben und sich mit den Lehrerinnen absprechen. Außerdem findet Freizeitgestaltung statt, die Kinder darin unterstützt, ihre Freizeit sinnvoll, entspannend und mit Freude zu verbringen. In gebundenen und teiloffenen Ganztagsschulen findet weniger oder manchmal gar keine Freizeitbetreuung durch sozialpädagogisches Personal statt, weil die Kinder den gesamten Tag vom Lehrerteam oder ergänzenden (Fach-)Kräften betreut werden. Hier sind die Kinder für längere Zeiträume (halbes oder ganzes Jahr) für bestimmte „Kurse" und Angebote eingetragen.

Aus den pädagogischen Schwerpunkten ergibt sich auch die Wichtigkeit der Zusammenarbeit mit den Eltern. Kinder benötigen sowohl das Elternhaus, ihre Familie als Nest, Entwicklungsnährboden und festen Halt, als auch die Unterstützung durch die pädagogischen Fachkräfte ihrer Nachmittagsbetreuung. Denn dort verbringen sie einen Großteil ihrer Zeit.

Rechtliche Hintergründe zur Elternarbeit

Im § 1 des Sozialgesetzbuches (SGB) VIII steht:

„(2) Pflege und Erziehung der Kinder sind das natürliche Recht der Eltern und die zuvörderst ihnen obliegende Pflicht. Über ihre Betätigung wacht die staatliche Gemeinschaft.

(3) Jugendhilfe soll zur Verwirklichung des Rechts […] insbesondere […]

2. Eltern und andere Erziehungsberechtigte bei der Erziehung beraten und unterstützen, […]

4. dazu beitragen, positive Lebensbedingungen für junge Menschen und ihre Familien sowie eine kinder- und familienfreundliche Umwelt zu erhalten oder zu schaffen."

Eltern sind also die erste Instanz in Sachen Erziehung. Sie haben die Verantwortung für ihre Kinder. Kommen sie dieser nicht nach oder geben sie teilweise ab, wenn das Kind in die Schule oder einen Hort geht, sind pädagogische Fachkräfte im Rahmen der Jugendhilfe für die Erziehung mitverantwortlich. Ob und wie dies in den Einrichtungen umgesetzt wird, hängt von vielen Faktoren ab, z. B. vom pädagogischen Konzept, der Personalausstattung oder dem Verständnis von Ganztag als sozialpädagogischer Institution. Was genau unter „Erziehung" zu verstehen ist, steht nicht im Gesetz. Es sollte jedoch in der **pädagogischen Konzeption** der Einrichtung erklärt sein, was die Einrichtung darunter versteht und wie sie es umsetzt. Da sich Schulen und damit auch Ganztagsschulen in erster Linie als Bildungseinrichtung verstehen, ist es wichtig, die Erziehung, also Vermittlung von Werten, Regeln und Lebenswelten nicht zu vergessen.

Die Bildungspläne der Länder

Den schlechten Ergebnissen der PISA-Studie von 2001 ist es zu verdanken, dass Bildung in Deutschland einen neuen, wichtigeren Stellenwert bekommen hat. So wurden unter anderem für Kindergärten, Krippen und teilweise auch Horte Bildungspläne eingeführt, die pädagogischen Fachkräften einen **Leitfaden** geben sollen. Inzwischen gibt es auch einen gemeinsamen Rahmenplan für die Frühe Bildung in Kitas, der sich aber ausschließlich an Einrichtungen für Kinder vor dem Schuleintritt richtet.

Folgende Länder berücksichtigen in ihren Bildungsplänen auch Schulkinder in Horten bzw. Ganztagsbetreuung: Hessen, Mecklenburg-Vorpommern, Nordrhein-Westfalen, Rheinland-Pfalz, Sachsen, Schleswig-Holstein und Thüringen. Die Zusammenarbeit mit Eltern wird unterschiedlich stark gewichtet und auch benannt.

Meist ist das Hauptziel einer Partnerschaft zwischen Eltern und pädagogischem Personal, die **Bildungschancen** der Kinder zu verbessern. Kurz und knapp, aber sehr nachdrücklich benennt der Bildungsplan für NRW die Ziele der Zusammenarbeit mit Eltern: „Bildungs- und Erziehungspartnerschaften verfolgen das Ziel, die individuelle Bildungsbiografie des Kindes gemeinsam und nachhaltig zu begleiten und Anschlussperspektiven zu eröffnen, zu sichern und zu optimieren."[8]

Im Gegensatz zu anderen Bildungsplänen wird hier vom Begleiten der Bildungsbiografie gesprochen statt z. B. vom Einwirken auf die Bildungsprozesse, wie in Mecklenburg-Vorpommern: „Ein enges partnerschaftliches Zusammenwirken von Kindertageseinrichtung und Familie wird sich unterstützend auf die Bildungs- und Erziehungsprozesse des Kindes auswirken. Das Kind findet also in der Bildungs- und Erziehungspartnerschaft von Eltern und pädagogischen Fachkräften die besten Entwicklungsbedingungen vor."[9]

In Rheinland-Pfalz geht es nicht um die Bildungsbiografie der Kinder, sondern um den persönlichen Entwicklungsprozess: Genau genommen, ist hier der Rahmen weiter gesteckt, denn dem Autorenteam geht es nicht nur um die Bildung der Kinder (Stichwort Bildungsbiografie), sondern um die gesamte Entwicklung: „Erziehungs- und Bildungspartnerschaft beschreibt einen gemeinsamen Auftrag mit dem Ziel, Methoden und Lösungsansätze zu entwickeln, die den persönlichen Entwicklungsprozess des Kindes aufzeigen und festschreiben."[10]

Interessant ist auch die Überlegung, wer für die Partnerschaft von pädagogischen Fachleuten und Eltern verantwortlich ist bzw. sie anleitet und initiiert. In Sachsen ist man der Meinung, beide Seiten sollen sich anstrengen, um eine Partnerschaft zu erzielen: „Schon vor dem Eintritt in die Kindertageseinrichtung beginnt also die Zusammenarbeit mit den Eltern, die nicht punktuell, sondern kontinuierlich über die gesamte Zeit des Aufenthaltes in der Kindertageseinrichtung erfolgen muss. Das bedeutet Anstrengungen auf beiden Seiten, um erreichbare Ziele bestimmen und erfüllen zu können."[11]

In Schleswig-Holstein ist es die Aufgabe des pädagogischen Personals, die Eltern mit ihrem Wissen und Können in Sachen Erziehung anzunehmen und darauf eine Zusammenarbeit aufzubauen: „Ziel ist die Entwicklung von Bildungs- und Erziehungspartnerschaften.
Die Verantwortung dafür übernehmen in erster Linie die pädagogischen Fachkräfte, indem sie Mütter und Väter als kompetente Fachleute für die Entwicklung ihres Kindes annehmen und einbeziehen."[12]

Manche Bildungspläne geben konkrete Anweisungen für bestimmte Aufgaben, die für die Zusammenarbeit mit den Eltern relevant sind. In der „Bildungskonzeption für 0- bis 10-jährige Kinder in Mecklenburg-Vorpommern" gibt es zunächst „Qualitätskriterien für die Arbeit im Hort". Hier stehen unter dem Punkt „Kooperation" u. a. folgende Aufgaben, die sich auf die Eltern beziehen:

- „Mit den Eltern werden mindestens 1x im Jahr Entwicklungsgespräche geführt.
- Den Eltern wird die Konzeption der Einrichtung bekanntgemacht.
- Die Eltern werden bei der Entwicklung und Fortschreibung der Konzeption beteiligt."[13]

---

[8] Ministerium für Familie, Kinder, Jugend, Kultur und Sport des Landes Nordrhein-Westfalen 2016, S. 61.

[9] Ministerium für Bildung, Wissenschaft und Kultur in Mecklenburg-Vorpommern 2011, S. 263.

[10] Ministerium für Integration, Familie, Kinder, Jugend und Frauen, Rheinland-Pfalz 2017, S. 124.

[11] Sächsisches Staatsministerium für Kultus 2011, S. 158.

[12] Ministerium für Soziales, Gesundheit, Wissenschaft und Gleichstellung des Landes Schleswig-Holstein 2012, S. 55.

[13] Ministerium für Bildung, Wissenschaft und Kultur in Mecklenburg-Vorpommern 2011, S. 254.

Daraus lässt sich folgern, dass auch für Schulkinder Beobachtungen durchgeführt und dokumentiert werden müssen, damit die verlangten Entwicklungsgespräche effektiv stattfinden können. Außerdem sind in allen Einrichtungen Eltern dazu eingeladen, sich an der Konzeption zu beteiligen. Dies ist nicht überall üblich und bringt für das pädagogische Team ein großes Maß an Offenheit und Kooperationsbereitschaft mit sich. Rheinland-Pfalz definiert folgende „drei Handlungsebenen" für „eine auf Kooperation basierende Zusammenarbeit":

- „Einbindung der Eltern in die Arbeit mit dem Kind,
- Erfahrungs- und Interessensaustausch zwischen Eltern und Erzieherinnen und Erziehern sowie den Eltern untereinander,
- Einbezug von Elternsichtweisen und Interessen in die pädagogische Arbeit."[14]

Ob die Eltern hier direkt an der Entwicklung einer pädagogischen Konzeption beteiligt werden, können die Pädagoginnen offenbar selbst entscheiden (gemeinsam mit dem Träger), denn dies ist nicht schriftlich verankert. Sollen Eltern jedoch tatsächlich als Bildungs- und Erziehungpartner eingebunden werden, ist es sinnvoll, sie auch in pädagogische Entwicklungen einzubeziehen. Die erwähnten „Elternsichtweisen" sind außerdem auch im Alltag gefragt und können die Arbeit mit den Kindern bereichern. Interessant ist hier, dass auch der Austausch zwischen den Eltern erwähnt wird. Diesen zu fördern, verstehen pädagogische Fachkräfte von Kitas, Horten und Ganztagsschulen nicht immer als ihre Aufgabe. Doch wenn man die Vorteile einer **Vernetzung** der Eltern untereinander betrachtet, wird deutlich, dass diese Aufgabe ihren Platz verdient (s. S. 63 ff.).

[14] Ministerium für Integration, Familie, Kinder, Jugend und Frauen, Rheinland-Pfalz 2017, S. 126.

Unsere Haltung – wie steht das Personal Eltern gegenüber?

„Nur wer selbst Mutter oder Vater ist, kann nachvollziehen, wie es sich anfühlt, Kinder großzuziehen!", haben vermutlich alle Erzieherinnen schon einmal gehört.

Sehen Sie das auch so? Tatsächlich ist es anders, pädagogische Fachkraft zu sein oder Mutter bzw. Vater. Der Blick auf die Kinder kommt aus einer anderen Perspektive, die Nähe ist eine andere, weil die Bindung anders ist. So berichten viele Eltern, wie schwer sie sich tun, ihre Kinder bei den Hausaufgaben zu unterstützen. Ständig kommt es zu Reibereien und Spannungen.
Im Hort bzw. in der Hausaufgabenbetreuung aber funktioniert alles bestens – die Kinder arbeiten fleißig und lassen sich helfen, ohne auszuflippen, wenn sie etwas nicht verstehen. Hier ist es der enge familiäre, emotionale Bezug, der Kind und Elternteil zu Konflikten führt. Mit etwas Abstand, einer entspannten Haltung und pädagogischer Schulung kann eine Erzieherin ganz anders reagieren. Doch auch Erzieherinnen berichten, wie sie selbst die Erfahrung gemacht haben, Eltern anders wahrgenommen zu haben, bevor sie selbst Kinder bekamen. Es ist tatsächlich schwer, wirklich nachzuvollziehen, wie es sich anfühlt, Verantwortung für ein Kind zu haben, es bedingungslos zu lieben und den steten Anforderungen zwischen Schule und Familie gerecht zu werden.

Fachkräfte, die selbst keine Kinder haben, können u. a. durch ihre pädagogische und psychologische Ausbildung und praktische Erfahrung lernen, sich in die Elternsicht hineinzuversetzen. Das kann dabei helfen, elterliche Ansichten und Haltungen besser nachzuvollziehen und so die Aufmerksamkeit und Wertschätzung den Eltern gegenüber zu steigern. Niemals sollten sie sich über die Eltern stellen, jedoch auch nicht unter sie. Eltern und pädagogische Fachkräfte haben jeweils eine andere Perspektive auf die Kinder und können von ihrer Seite aus dazu beitragen, dem Kind ein gutes, selbstbestimmtes und glückliches Leben zu ermöglichen. Dies gelingt aber nur, wenn beide Seiten dies möchten und zulassen.
Der Umgang mit „schwierigen" Eltern ist im Alltag nicht immer leicht. Schnell schleicht sich im Team ein respektloser, manchmal erniedrigender Ton ein, wenn über diese Eltern gesprochen wird. Aus den Sprüchen, die hinter deren Rücken geklopft werden, kann sich eine negative Haltung entwickeln, die bald auch bei direktem Kontakt mit den Eltern spürbar werden kann.

Beispiel:

Jeremias wird täglich von seiner Mutter abgeholt, weil er in einem Nachbardorf wohnt, zu dem es keine Busverbindung gibt. Die Mutter kommt immer zu spät – egal, ob der Hort bereits schließt oder Jeremias noch zu seinem wöchentlichen Sporttermin muss. Meist ist sie außer Atem, hetzt Jeremias, sich zu beeilen, und grüßt die Erzieherinnen gar nicht. Sie ist stets sehr teuer gekleidet, fährt ein großes Auto einer teuren Marke und riecht nach teurem Parfüm.

Erzieherin Maja beobachtet die Abholsituation argwöhnisch. Sie ruft der Mutter ein „Hallo" zu und Jeremias ein „Tschüss", während sie selbst in ihre Jacke schlüpft. Dabei wirft sie nur einen kurzen Blick zur Mutter, ohne sich zu ihr umzudrehen. Für sie ist das Verhalten der Mutter nicht tragbar. Trotz mehrmaligen höflichen Bittens kommt diese immer zu spät. Schnell hat sich Maja ein Urteil gebildet und lässt Dampf ab: „Jeremias' Mutter ist arrogant und nicht interessiert an ihrem Kind und der Einrichtung. Sie meint, mit Geld kann man alles haben, ohne sich an Regeln halten zu müssen." Ihr Urteil gibt Maja gern an die anderen Teammitglieder weiter, sodass auch diese sich ein negatives Bild der Mutter machen. Eine Lösung für die Situation – das zu späte Abholen und das (angeblich) mangelnde Interesse an der Einrichtung – gibt es nicht.

Erzieherin Steffi hat bereits seit einiger Zeit bemerkt, dass Jeremias' Mutter oft abgehetzt ist und zu spät kommt. Steffi geht freundlich auf die hereinstürmende Mutter zu, sieht ihr in die Augen und streckt ihr die Hand zum Gruß entgegen. Für einen kurzen Moment hält sie den Blick und die Hand und sagt: „Hallo, Frau Lock, wie geht es Ihnen?"

So schafft sie es, die Mutter kurz verschnaufen zu lassen. Als Frau Lock antwortet: „Ach, es ist grad ein bisschen stressig bei uns", erwidert Steffi: „Das ist sicher anstrengend für Sie. Vielleicht können wir gemeinsam überlegen, wie wir die Abholsituation etwas entspannter hinbekommen?"

Frau Lock atmet hörbar aus: „Ja, ich weiß, ich bin ständig zu spät. Aber ich muss zurzeit alles allein machen, weil mein Mann im Krankenhaus liegt und ich in der Arbeit nicht frei bekomme." Steffi hört das erste Mal von diesem Problem der Mutter. „Wenn Sie möchten, erkundige ich mich, ob es Eltern gibt, die Jeremias mitnehmen und bei Ihnen absetzen können. Alternativ könnte er auch ein Stück laufen, hier auf dem Spielplatz oder bei einem Freund auf Sie warten. Doch wir müssen um 17 Uhr schließen und können ihn danach nicht mehr beaufsichtigen."

Steffi hat verständnisvoll reagiert und Lösungsvorschläge angeboten. Ihr war bewusst, dass Frau Lock in der Stresssituation nicht die Zeit und Kraft haben wird, ein längeres Gespräch zu führen. Weitere Vorwürfe würden auch nicht nützen, da die Frau sowieso schon ein schlechtes Gewissen hat. Trotz der schwierigen Situation hat Steffi auf das Problem der Schließzeit hingewiesen und klargestellt, dass die Mutter nach 17 Uhr für ihr Kind verantwortlich ist. Nun kann die Mutter entscheiden, welche Hilfe sie annimmt und wie sie die Situation lösen will.

Woher kommt aber diese Haltung, die Einstellung anderen gegenüber? Die Biografien der pädagogischen Mitarbeiter einer Einrichtung sehen oft sehr unterschiedlich aus. Jeder Mensch lernt in seinem Leben anders und erlebt Situationen verschieden. Je nachdem, wie unsere Vorbilder handeln, schauen wir uns ab, wie wir handeln könnten. Dazu kommen ethische und moralische Werte, die uns vor allem von den Eltern mitgegeben werden. Außerdem haben wir alle eine bestimmte Persönlichkeit, die uns von Geburt an zu einem Individuum macht. Wie wir also anderen Menschen begegnen, hängt zunächst von unserer Biografie ab. Aber wir können daran arbeiten. Wir können lernen, Menschen offener, freundlicher und wertschätzender zu begegnen, als wir es vielleicht bisher getan haben.

In Ihrer Ausbildung zur pädagogischen Fachkraft haben Sie vielleicht Wissen über Prägung, Entwicklung und Kommunikation erhalten. Dieses Wissen können Sie nutzen, um Ihre Haltung und Ihr Verhalten zu überdenken und zu verändern.

Die **Auseinandersetzung** mit dem Thema „Bildungs- und Erziehungspartnerschaft" könnte ein Anlass für Sie als Team sein, Ihre **Haltung** den Eltern gegenüber einmal ausführlich zu reflektieren. Sprechen Sie gemeinsam über die verschiedenen Haltungen und Meinungen, die in Ihrem Team vorherrschen. Vielleicht ändert die ein oder andere Person im Verlauf dieser Reflexion ihre Meinung und bekommt einen anderen Blick.

Was erwarten wir von den Eltern?

Eltern sein ist nicht einfach. Eltern sind sehr verschiedene Persönlichkeiten mit individuellen Charakteren und Temperamenten. Sie haben ihre eigenen Biografien und können auf Erfahrungen mit eigenen Eltern zurückgreifen. Auch wer selbst keine Kinder hat, kann sich zumindest ein bisschen vorstellen, was Elternsein bedeutet, denn jeder hat Eltern. Als pädagogische Fachkraft müssen sich Erzieherinnen und Kinderpfleger immer wieder Eltern gegenüber behaupten, sich in sie einfühlen und sie unterstützen. Dazu ist es nötig, sein Bild über Familie und über den Begriff „Eltern" zu reflektieren und sich mit dem Elternsein auseinanderzusetzen.

Familienkonstellationen

Mutter, Vater, Kind – dieses Rollenspiel spielen auch heute noch viele Kinder ganz selbstverständlich. Zumindest nennen sie ihr Spiel so, wenn sie andere bitten, dabei zu sein. Doch dann sind ihre Familien häufig ganz anders. Da gibt es zwei Mütter oder zwei Väter, mehrere Kinder oder nur eine Mutter mit einem Kind. **Familien sind verschieden** und heute glücklicherweise auch ganz offen verschieden. Jeder Mensch hat nun das Recht, mit einem Partner oder einer Partnerin eine Familie zu gründen und schließlich auch Kinder zu bekommen oder zu adoptieren bzw. in Pflege zu nehmen. Wer sich trennt, kann mit dem neuen Partner oder der Partnerin zusammenleben, weitere Kinder bekommen und trotzdem mit den Kindern aus der ersten Partnerschaft leben. So entstehen „Patchwork-Familien", die wie bunt gemusterte Decken aus vielen einzelnen Flecken zusammengesetzt sind. In unserem liberalen Land ist es endlich angekommen, selbst im konservativ regierten Bayern, dass auch homosexuelle Paare gute Eltern sein können.
So wie Kinder im Rollenspiel nicht werten, müssen pädagogische Fachkräfte offen sein und jegliche Familienkonstellationen als solche akzeptieren. Es ist nicht ihr Auftrag, diese zu kritisieren, sondern im Sinne der Kinder Eltern zu unterstützen. Logischerweise kommt es vor, dass eine Familiensituation für Sie neu ist und Sie evtl. nicht nachvollziehen können, wie sie funktioniert. Dann fragen Sie nach, statt zu (ver-)urteilen. Teilnehmendes Interesse führt meist zu lebendigem Austausch und einem offenen, wertschätzenden Miteinander.

Die eigene Sicht auf das Verhalten von Eltern

Gemeinsam mit Ihren Kolleginnen sollten Sie überlegen, was für Sie eine Familie ausmacht und wie sich Eltern verhalten sollten, um in Ihren Augen „gut" zu sein. Was ist es, das einen Vater zum guten Vater macht? Muss er sein Kind abends abholen und sich noch ein wenig im Hort mit ihm austauschen, was am Tag alles los war? Oder soll ein guter Vater genug verdienen, um seinen Kindern etwas bieten zu können, und dann eben am Wochenende mit ihnen Zeit verbringen? Sollen Mütter ihre Kinder schön einkleiden und für gutes Essen sorgen oder aber vielmehr dafür sorgen, dass die Kinder selbstständig und selbstbewusst werden?
Es gibt viele Möglichkeiten, seine Kinder auf dem Weg ins Erwachsenwerden zu begleiten. Das Wichtigste jedoch ist wohl eine **vertrauensvolle und sichere Bindung** zwischen Eltern und Kindern. Nicht nur Liebe muss da vorhanden sein, sondern auch Respekt und Wertschätzung. Dies können Männer und Frauen ihren Kindern genauso gut mitgeben wie übrigens auch Menschen, deren Geschlecht nicht eindeutig ist bzw. die sich selbst nicht zuordnen wollen (das sog. „diverse Geschlecht").
Pädagogische Fachkräfte müssen lernen, allen Eltern gleichermaßen offen und mit Respekt entgegenzutreten und sie so Eltern sein lassen, wie sie es möchten. Solange keine Gefährdung oder Vernachlässigung des Kindes zu befürchten ist, haben Eltern das Recht dazu, selbst zu entscheiden, wie sie ihr Kind erziehen.

© auremar – Fotolia.com

Wie sehe ich den Umgang der Eltern mit ihrem Kind?

Häufig kommt es zwischen einzelnen Eltern und Erziehern zu Unstimmigkeiten, die sich immer weiter vertiefen, ohne je genau definiert worden zu sein. Da sind meist Vorurteile bzw. vorschnelle Meinungsbildungen im Spiel, aber auch ein Gefühl, das sich ausbreitet, weil der oder die andere sich irgendwie so verhält, dass es nicht stimmig ist. Fragen Sie sich also: Was gefällt mir an der Art, wie die Mutter/der Vater mit seinem Kind umgeht, nicht? So finden Sie heraus, was Sie stört. Ist es der Tonfall, sind es zu feste Griffe, um das Kind aus der Gruppe zu holen, oder ist es die mangelnde Aufmerksamkeit, die dem Kind entgegengebracht wird? Genauso können Sie sich nach den positiven Seiten fragen. Vielleicht mögen Sie, wie die Mutter ihr Kind mit offenen Armen begrüßt und immer fest umarmt oder aber dass sie sich immer Zeit nimmt, bis das Kind mit seiner Beschäftigung fertig ist, und nie drängelt, obwohl sie als Alleinerziehende eigentlich sehr unter Zeitdruck steht.

Es hilft, sehr genau hinzusehen, zu hören und zu fühlen, um sich klar darüber zu werden, wie Eltern sich Ihrer Meinung nach gut verhalten, eben gute Eltern sind. Wenn Sie sich im Team darüber austauschen, z. B. nachdem alle eine Woche lang besonders aufmerksam ihre Eindrücke gesammelt haben, können Sie Ihre Eindrücke hinterfragen und vielleicht einen Weg finden, mit dem ewig nörgelnden Vater besser klarzukommen. Denn Ihre Kollegin schätzt an ihm besonders, dass er seinen Sohn immer pünktlich abholt und ihm stets in die Augen sieht, wenn er ihn begrüßt.

Das soziale Umfeld der Eltern

Nur selten wohnen pädagogische Fachkräfte selbst im direkten Umfeld der Einrichtung. Die Kinder aber schon. Denn Schulplätze werden in den meisten Bundesländern zunächst nach dem Einzugsgebiet vergeben und auch ausgesucht. Schulwege und damit auch die Wege zur Nachmittagsbetreuung sollen möglichst kurz sein, damit die Kinder sie selbst bewältigen können. So ist es eigentlich ganz einfach, herauszufinden, aus welchem sozialen Umfeld die Kinder stammen.

Machen Sie Ausflüge in die Gegend, gern auch mit den Kindern. Sehen Sie sich an, wo die Kinder leben, welche Spielmöglichkeiten sie haben, wo sie einkaufen oder sich sportlich betätigen können. Auf diese Weise finden Sie auch heraus, welche Wohnverhältnisse vorhanden sind. So könnte es sein, dass „Ihre" Kinder fast alle aus den Hochhausblocks stammen oder aber überwiegend aus Einfamilienhäusern. Je nachdem, wo und wie sie leben, sind sie auch sozialisiert. Sie erleben ein anderes Umfeld als andere. Auch den Eltern geht es so. Eltern, die in einem großen, frei stehenden Einfamilienhaus leben, und welche, die im 15. Stock eines Hochhauses wohnen, haben vermutlich andere Lebensumstände, andere finanzielle Mittel und oft auch eine sehr unterschiedliche Biografie (einschließlich der Bildungsbiografie).

Als pädagogische Fachkraft müssen Sie **empathisch und ohne Vorurteile** sein. Das gelingt Ihnen, wenn Sie die Eltern und ihr soziales Umfeld näher kennenlernen und respektieren. Stülpen Sie niemandem Ihre Ansichten auf, wenn Sie deren Lebenswelt gar nicht kennen. Versetzen Sie sich in die Lage der Eltern und bieten Sie Unterstützung an, die auf die (Lebens-)Situation abgestimmt ist.

Beispiel 1:

Imres (7 J.) Schulhefte sind ständig vollgekritzelt, haben abgerissene Ecken oder sind zerknittert. Im Schulranzen liegen Stifte einzeln herum, sodass Bücher beschmutzt werden. Manchmal fehlen Dinge, die am Schultag benötigt werden. Egal wie oft Sie ihn ermahnen, sich besser um seine Schulsachen zu kümmern, es klappt nicht. Auch die Klassenlehrerin hat im Gespräch mit Ihnen schon darauf hingewiesen. Sie sprechen die Mutter darauf an und bitten, besser auf Ordnung zu achten.
Was Sie nicht wissen: Imre wohnt mit seinen zwei kleinen Geschwistern (Zwillingen von 1,6 J.) in einem kleinen Zimmer und muss sich oft allein um sie kümmern, weil die Mutter im Wohnzimmer arbeitet (sie bügelt Hemden). Wenn Imre Hausaufgaben macht, die er im Hort nicht geschafft hat, wollen die Geschwister es ihm gleichtun und stibitzen die Hefte. Immer wieder kauen sie darauf herum. Wenn Imre sie ihnen wegnehmen will, zerknittern sie.
Imre hat dies seiner Mutter nicht verraten, weil er weiß, wie wichtig die Arbeit für sie ist.
Was ist zu tun?
Sprechen Sie die Mutter an, aber hören Sie ihr auch zu! Vielleicht lassen Sie Imre am Gespräch teilnehmen, sodass er selbst erzählen kann, was los ist. Gehen Sie auf die Mutter und Imre ein und finden Sie heraus, wie die Situation zu Hause aussieht. Zeigen Sie, dass Sie nicht werten, sondern unterstützen. Das gelingt, wenn Sie ruhig zuhören, nachfragen, aber nicht kritisieren. Dabei müssen Sie eigene Idealvorstellungen außen vor lassen. Denn logischerweise wünschen Sie sich für Imre, dass er im eigenen Zimmer am sauberen Schreibtisch lernen darf. Aber das hat nun mal nicht jedes Kind. Vielleicht gibt es die Möglichkeit, dass die Zwillinge bei der Mutter im Raum sind, während Imre für die Schule arbeitet und lernt. Oder aber die Zwillinge erhalten eigenes (z. B. altes) Schulzeug zum Spielen und dürfen dann gleichzeitig mit Imre Schule spielen. Die Mutter sollte Verantwortung übernehmen und Imre unterstützen, damit er seine Schulsachen in Ordnung halten kann. Aber sie muss auch Geld verdienen können. Achten Sie in Zukunft auch darauf, dass Imre während der Hausaufgabenbetreuung besser unterstützt wird, damit er zu Hause weniger nacharbeiten muss.

Beispiel 2:

Carlos (9,6 J.) ist ein fröhlicher Junge, immer ordentlich gekleidet und stets höflich. Er ist ein sehr guter Schüler, der ehrgeizig lernt, um gute Noten zu erhalten. Jeden Tag muss er zu einer bestimmten Zeit den Hort verlassen, um zu einem Kurs zu gehen. So fällt es ihm schwer, enge Freundschaften zu knüpfen. In letzter Zeit lässt er sich nur schwer dazu bewegen, die Einrichtung pünktlich zu verlassen. Er wirkt oft traurig, wenn er mechanisch seine Sachen packt und geht.
Sie sprechen mit Carlos und erfahren, dass ihm die täglichen Kurse zu viel sind. Neben Klavier- und Turnunterricht muss er auch noch eine Spanischschule besuchen und an einem Projekt für Jungen teilnehmen. Es macht ihm alles keinen Spaß mehr und sogar das Klavierspielen, das er so liebte, überfordert ihn nun. Er würde lieber mit den anderen Kindern „chillen".
Sie haben die Eltern bisher nur kurz kennengelernt, als sie Carlos angemeldet haben. Er besucht erst seit diesem Schuljahr die Einrichtung und wird nie abgeholt. Auch beim Elternabend waren die Eltern nicht anwesend. Ihre Vorstellung ist, dass sie beide Akademiker sind, wohlhabend und ehrgeizig. Das Kind dient in Ihren Augen offenbar als Prestigeobjekt und soll Hochleistungen bringen. Sie bitten um ein Gespräch.
Und das erfahren Sie dann von den Eltern bzw. vom Vater, denn die Eltern sind geschieden und die Mutter lebt in Spanien:
Der Vater ist selbstständiger Bauunternehmer und daher sehr eingespannt. Er lebt mit Carlos und dessen älterer Schwester in einem Reihenhaus ganz in der Nähe der Schule. Wenn er sich nicht kümmern kann, ist seine Mutter, Carlos' Oma, da, die im Haus nebenan wohnt. Carlos hat sich die Kurse alle selbst ausgesucht, bis auf den Spanischunterricht, zu dem ihn die Mutter noch angemeldet hatte. Er war schon immer sehr ehrgeizig und setzt sich selbst unter Druck. Seine Mutter hatte ihn immer zu Höchstleistungen angespornt, jedoch nie gezwungen. Sie selbst ist Wissenschaftlerin und empfand ihren Sohn als hochbegabt. Carlos vermisst seine Mutter sehr, telefoniert häufig mit ihr und scheint ihr nachzueifern. Es stellt sich heraus, dass er die Bestleistungen in vielen Kursen erbringen will, um seiner Mutter zu imponieren, in der Hoffnung, dass sie zurückkommt.

Nachdem Sie einen Einblick in die Gegebenheiten erhalten haben, können Sie besser auf Carlos eingehen. Der Vater ist dankbar für den Hinweis, dass Carlos offenbar mit den Kursen überfordert ist. Der Junge spricht nicht viel mit ihm und hat sich auch der Oma nicht anvertraut. Nun kann der Vater mit seinem Sohn reden und sie werden gemeinsam entscheiden, was zu tun ist.

Eltern annehmen

Letztendlich liegt es an Ihrer Einstellung bzw. professionellen Haltung, Eltern als Menschen so zu akzeptieren, wie sie sind. Dafür müssen Sie jedoch **selbstreflektiert** und **selbstsicher** genug sein, um sich vom Schubladendenken und Bewerten bzw. Beurteilen von Menschen zu lösen. So wie man lernen kann, schwierige Situationen zu akzeptieren, ist es möglich, Menschen anzunehmen, ganz gleich, wer und wie sie sind. Der Zauberspruch dazu lautet: „Er/Sie/Es ist so." Damit ist möglich, eine Person so „stehen zu lassen", wie sie ist, und an Bedingungen und Möglichkeiten zu arbeiten, mit ihr zurechtzukommen oder einen Konflikt zu lösen. Es geht also darum, die Situationen in den Griff zu bekommen, zu verändern und zu verbessern, nicht die Personen an sich.

Die Zusammenarbeit mit den Eltern wirkt sich auf die Psyche der Kinder, aber auch auf ihre Leistungen in der Schule bzw. in der Nachmittagsbetreuung aus. Kinder lieben ihre Eltern, grundsätzlich und ohne Ausnahme. Selbst wenn die Eltern dem Kind nicht guttun, wird es sie lieben. Regeln und Werte, die Eltern ihren Kindern mitgeben, sind bis zu einer bestimmten Zeit einfach geltend, ohne sie zu hinterfragen. Im Grundschulalter, wenn Kinder bereits reflektierter sind und über Regeln nachdenken, sie evtl. infrage stellen, wird es schwierig, sobald sich Regeln und Werte von Elternhaus, Schule und Betreuungspersonen unterscheiden. Umso wichtiger ist es, dem Kind und seinen Eltern mit Respekt und Achtung zu begegnen und die eigenen Regeln, Werte und Meinungen nicht überzustülpen.
„Kinder spüren, mit welcher inneren Haltung wir ihnen begegnen. Achten wir die Eltern des Kindes und das, was sie ihm mitgeben, fühlt sich das Kind umfassend gesehen – mit allem, was zu ihm gehört und woraus es hervorgegangen ist. Dadurch fällt es ihm leichter, die neuen Werte oder Verhaltensweisen, die es in der Schule erfährt, anzunehmen und zu integrieren."[15]
So ist es möglich, Kindern und deren Eltern eigene Werte zu vermitteln, ohne zu bevormunden und sich über die anderen zu stellen. Der Schlüssel dafür ist, wie so oft erwähnt, die innere Haltung, die Wertschätzung anderer sowie von sich selbst.

© stockphoto-graf – Fotolia.com

[15] Gollor 2015, S. 18.

Umgang mit Eltern aus fremden Kulturen und Sprachräumen

Geflüchtete, EU-Einwanderer, Asylsuchende und Familien, die für eine bestimmte Zeit in Deutschland leben, weil dort ein Elternteil seiner Arbeit nachgeht – es gibt viele Gründe, in unser Land zu kommen und hier zu leben. Viele Menschen, insbesondere Geflüchtete, sind unserer Sprache nicht mächtig und müssen erst allmählich lernen, sich zu verständigen. Meist haben sie zudem auch noch traumatische Erlebnisse im Gepäck, die es ihnen nicht leicht machen, sich einzuleben. Oft wissen sie nicht, ob und wie lange sie hier im Land bleiben können, und befinden sich in einer Art Warteschleife. So ist es nicht verwunderlich, dass sie Schwierigkeiten haben, sich anzupassen, Angebote anzunehmen und sich selbst aktiv ins Alltagsleben einzubringen. Nicht immer können Geflüchtete lesen und schreiben und wenn, dann haben sie bisher vielleicht keine Berührung mit sozialpädagogischen Einrichtungen gehabt. Wie sollen sie sich also zurechtfinden?

Als pädagogische Fachkraft ist es sinnvoll, sich zu informieren, wie Menschen im jeweiligen Herkunftsland leben. Gibt es dort Schulen, die unseren Grundschulen ähnlich sind? Gibt es Kindergärten, Nachmittagsbetreuung oder Ganztagsschulen? Falls ja, wer arbeitet dort und wie sehen die alltäglichen Abläufe aus? Dank Internet ist es nicht schwer, sich Einblicke über die wichtigsten Fakten zu schaffen. Aber noch einfacher ist es, Menschen direkt zu fragen. Vielleicht gibt es im Ort bereits Asylsuchende, die Deutsch sprechen und helfen können, zu übersetzen. Oder es gibt Eltern, die schon länger ein Kind in Ihrer Einrichtung haben und erzählen möchten, wie zu Hause Kinder betreut werden. Je mehr Sie wissen, desto besser können Sie nachvollziehen, welche Umstellung Eltern und auch die Kinder durchmachen. Wobei die Kinder sich meist schnell eingewöhnen und fest ins Tagesgeschehen und vor allem in Gruppen eingebunden werden. Durch diese soziale Vernetzung in den Schulen fällt es ihnen häufig leichter, sich zu integrieren, als ihren Eltern.

Tipp:
Vernetzen Sie sich mit anderen pädagogischen Einrichtungen, um sich auszutauschen und von den Erfahrungen der anderen zu profitieren. Evtl. gibt es dort Eltern oder Mitarbeiterinnen, die übersetzen können.
Die Sprachbarrieren sind leider manchmal kaum zu überwinden. Da es im Regelfall keine Dolmetscher für Horte und OGS gibt, müssen Sie eine gemeinsame Sprache finden. Hier gilt es, vor allem Ruhe zu bewahren, Empathie zu zeigen und den Humor nicht zu vergessen. Sprachkenntnisse, zumindest im Englischen, sind für Erzieher und Kinderpflegerinnen wichtig und glücklicherweise in der Ausbildung verankert. Scheuen Sie sich nicht, Ihre Sprachkenntnisse auch anzuwenden, ganz egal, wie schlecht Ihre Aussprache sein mag und wie wenig Sie sich an die Grammatik erinnern. Kommen Sie den Menschen entgegen und nutzen Sie notfalls Hände, Füße, Papier und Stift, um sich zu verständigen. Die Eltern werden es Ihnen danken und sind froh, dass Sie sich für sie so bemühen.
Falls tatsächlich keinerlei zweite Sprache zur Verständigung zur Verfügung steht, wie Englisch oder Französisch, können manchmal die Kinder (auch ältere Geschwister) helfen, zu übersetzen. Doch nutzen Sie dies nur, wenn es für die Kinder wirklich in Ordnung ist!
Alternativ können Sie über Flüchtlingshilfevereine und Organisationen versuchen, an Übersetzer zu kommen, die zumindest Elternbriefe und wichtige Formulare kostenlos oder sehr günstig übersetzen.

Info:

In Brandenburg gibt es die Organisation „Regionale Arbeitsstellen für Bildung, Integration und Demokratie". Auf deren Webseite finden Sie einen Eltern-Infobrief für die Aufnahme in der Grundschule in mehreren Sprachen. Auch Hort und Ganztagsschulen sind darin erwähnt. Dieser Brief muss von der Schule ausgefüllt und kann dann kopiert und an alle Eltern verteilt werden.

Die Bundeszentrale für gesundheitliche Aufklärung (BzgA) stellt einige wichtige Informationen auch mehrsprachig online zur Verfügung. Suchen Sie auf der Webseite www.kindergesundheit-info.de nach den Begriffen „Fachkräfte" und „Arbeiten mit Flüchtlingsfamilien". Außerdem finden Sie hier eine Infobroschüre zum Thema „Kopfläuse".

Zum Thema „Flucht"

Beachten Sie, dass eine Flucht immer einen triftigen Grund hat, meist ist es eine Form von Gewalt oder Androhung von Gewalt bzw. Tod. Geflüchtete sind häufig traumatisiert, sowohl die Eltern als auch die Kinder. Denn nicht nur die Gründe für die Flucht aus der Heimat, auch die Flucht selbst ist meist extrem schwierig und gefährlich. Diese Eltern brauchen das Gefühl, dass ihre Kinder gut aufgehoben sind, noch viel mehr als andere Eltern. Denn sie haben eine Zeit hinter sich, in der sie ständig Angst um ihr Kind haben mussten.

Inklusion

Der Auftrag, allen Kindern gerecht zu werden und ihnen die Teilhabe am gemeinsamen Schul- und Kitaalltag zu ermöglichen, gilt für Schulen und sozialpädagogische Einrichtungen gleichermaßen. Demnach sollen auch alle Kinder an Grundschulen in Ganztags- bzw. Nachmittagsbetreuungen gehen dürfen. In der Praxis funktioniert dies leider nicht so einfach, da meist die Ausstattung und vor allem das Personal fehlen, um den Kindern wirklich gerecht zu werden. Viele Kinder benötigen eine persönliche Assistenz, um dem Unterricht folgen zu können, Hausaufgaben zu erledigen, zu essen und zur Toilette zu gehen. Andere können mit ihrem Rollstuhl oder Gehhilfen nur in alle Räume gelangen, wenn Rampen und Fahrstühle vorhanden sind. Kinder mit geistiger Behinderung brauchen oft mehr Aufmerksamkeit, als es die pädagogischen Fachkräfte leisten können …

Kurz gesagt, der Weg zu einem **wirklichen Miteinander** ist weit und oft steht infrage, ob die Kinder wirklich alle inkludiert werden wollen oder aber vielleicht lieber in kleineren Gruppen oder bei ihrer Familie Zeit verbringen würden. Vieles ist aber jetzt schon möglich, wenn alle mit anpacken. So können vor allem Kinder, die leichte körperliche Behinderungen bzw. Handicaps haben, meist ohne weitere Probleme in reguläre Einrichtungen gehen. Wichtig sind hier gute Absprachen mit den Eltern und evtl. Therapeuten und der Zusammenhalt der pädagogischen Fachkräfte sowie der Kindergruppe. Es bleibt zu hoffen, dass es irgendwann normal ist, alle Kinder gleichermaßen gemeinsam in Einrichtungen zu betreuen und wertzuschätzen.

Dafür ist neben den organisatorischen Bedingungen aber vor allem nötig, als pädagogische Fachkraft ohne Berührungsängste auf Kinder mit körperlicher oder geistiger Behinderung bzw. Beeinträchtigung zuzugehen und sie willkommen zu heißen. Das funktioniert oft nicht, weil wir „Normalos" so wenig Kontakt zu Menschen mit Behinderungen haben. Unbekanntes verunsichert uns, macht uns manchmal sogar Angst. Wie sollen wir mit den Eltern sprechen und dabei unser Mitgefühl (oder ist es Mitleid?) im Griff haben? Die meisten Eltern wollen gar nicht bemitleidet werden, sondern ganz normale Eltern sein. Neben speziellen Fortbildungen kann hier nur **„Learning by doing"** helfen. Begegnen Sie den Eltern und ihren Kindern offen und fragen Sie nach, wenn Sie unsicher sind, wie Sie sich verhalten oder was Sie tun sollen. Sprechen Sie im Team darüber, wer Scheu davor hat, z. B. den 8-jährigen querschnittsgelähmten Jungen zu wickeln, oder sich davor fürchtet, das Mädchen mit Rheuma mit zum Ausflug zu nehmen.

Eine intensive Reflexionsarbeit und Austausch im Team helfen, Unsicherheiten zu benennen und gegebenenfalls zu überwinden. Sprechen Sie auch darüber, wenn Sie sich überlastet oder überfordert fühlen, weil Sie durch die „Integrationskinder" mehr bzw. intensiver arbeiten müssen, als für Sie möglich ist. So können Arbeiten und Zuständigkeiten evtl. umverteilt oder aber weitere Hilfen gesucht werden.

Umgang mit Krankheiten, Läusen usw.

Kranke Kinder müssen zu Hause bleiben. Stellen die Eltern die Krankheit fest, müssen sie die Einrichtung informieren, dass das Kind nicht erscheinen kann. Legen Sie bereits im Vertrag fest, bis wann diese Mitteilung erfolgen muss und welche Wege es dafür gibt (Anruf, Mail, Webseite). Informieren Sie die Eltern zusätzlich beim ersten Elternabend darüber, wie wichtig es ist, die Kinder krankzumelden. Denn erscheint ein Kind nicht, müssen Sie sofort nachforschen, wo es ist. Können Sie es selbst bzw. die Eltern nicht erreichen, sind Sie evtl. in manchen Fällen gezwungen, die Polizei einzuschalten, weil dem Kind etwas zugestoßen sein könnte.
Ist die Krankheit ansteckend, müssen die Eltern darüber Auskunft geben. **Meldepflichtige Krankheiten** werden vom Kinderarzt dem Gesundheitsamt gemeldet. Im Zweifelsfall, wenn Sie eine solche Krankheit erkennen, aber nicht sicher sind, ob die Eltern das Kind überhaupt zum Arzt gebracht haben, rufen Sie selbst beim Gesundheitsamt an und informieren Sie sich, was zu tun ist (zunächst keine Namen nennen, um den Datenschutz zu wahren).

Tipp:
Zahlreiche Kopiervorlagen, Aushänge und Elternbriefe zu den verschiedenen übertragbaren Krankheiten und Parasiten (Läuse, Krätze etc.) finden Sie hier:

Achtung, Ansteckungsgefahr!
Verlag an der Ruhr, 2019
ISBN 978-3-8346-4091-8

Informationen über gesundheitliche Anforderungen, Mitwirkungspflichten, Aufgaben des Gesundheitsamtes etc. finden Sie im Infektionsschutzgesetz (IFSG) in § 34. Ansteckende Krankheiten sollten auch anderen Eltern bzw. Kindern bekannt gegeben werden. Auch hier bitte nicht den Namen des betroffenen Kindes nennen! Es reicht ein Aushang oder eine kurze persönliche Bekanntgabe bei den Kindern. Hier können Sie kurz auf die Vorsorge und das Erkennen der Krankheit hinweisen, z. B. bei Läusen (s. Infoblatt S. 26).

Doch wann ist ein Kind krank und was, wenn es erst während des Vormittags in der Schule erkrankt? Die Spannbreite der Definition von Kranksein ist ja bekanntlich sehr groß. Die einen schicken Kinder mit Schnupfen nach Hause, weil dieser ja auch schon ansteckend sein kann, andere verabreichen sogar Medikamente an chronisch kranke Kinder. Grundsätzlich gilt: Pädagogische Fachkräfte sind keine Krankenpfleger. Wer eine ansteckende Krankheit hat, muss zu Hause bleiben (oder im Krankenhaus). Wer ansteckungsfrei ist und dies nachweisen kann, darf die Einrichtung besuchen, sobald die Gesundheit das zulässt. Kinder, die sich von einer Grippe erholen, dürfen weder in die Schule noch in die nachmittägliche Betreuung gehen, denn sie brauchen Ruhe. Hier aber liegt es im Ermessen der Eltern, zu entscheiden, ob ihr Kind fit genug ist.
Wichtig ist also, dass gemeinsam mit dem Träger und den Eltern abgesprochen wird, wie mit kranken Kindern umzugehen ist. Auch die **Verabreichung von Medikamenten**, die grundsätzlich nicht in einer sozialpädagogischen Einrichtung erfolgen soll, kann in Ausnahmen zulässig sein. Wenn z. B. Kinder Diabetes haben und den Umgang mit den Mess- und Spritzinstrumenten noch nicht sicher beherrschen oder wenn Kinder eine chronische, aber nicht ansteckende Krankheit haben und die Dosierung des Medikamentes nicht selbst übernehmen können. Dies sollte jedoch stets in Absprache mit der Schule und dem behandelnden Kinderarzt geschehen und nach Möglichkeit ärztlich attestiert sein. Je nach Bundesland können spezifische Regelungen gelten. Informieren Sie sich darüber bei Ihrem Träger.

Läuse sind wohl die am häufigsten auftretenden Störenfriede in Kitas und Grundschulen. Obwohl die Aufklärung über die kleinen Tierchen eigentlich weit vorangeschritten ist, werden immer noch alte Klischees verbreitet, wie „Läuse lieben fettige Haare" oder „Läuse in der Kita heißt, alle Zimmer müssen komplett gereinigt und desinfiziert werden". Das stimmt so nicht. Denn Läuse springen nicht, sie fliegen nicht und sie brauchen ständig Nahrung – sprich frisches Menschenblut, und

zwar vom Kopf! Klären Sie also nicht nur das Team, sondern auch die Eltern darüber auf, was zu tun ist, um die Verbreitung von Läusen einzudämmen!
Ein Arztbesuch ist nicht notwendig, genauso wenig wie das Vorzeigen einer ärztlichen Bescheinigung, dass die Läuse wieder weg sind. Sollte ein Kind sich allerdings so stark kratzen, dass Wunden am Kopf entstehen, sollten Sie einen Arzt aufsuchen, weil sie sich sonst entzünden könnten. Aber Sie können von den Eltern eine Bescheinigung verlangen, in der sie bestätigen, das Kind gründlich untersucht und behandelt zu haben (s. Kopiervorlage S. 27).

Tipp:
Weitere Informationen in mehreren Sprachen gibt es hier auf der Webseite: www.kindergesundheit-info.de

Der Umgang mit Krankheitsfällen, chronischen Krankheiten, Läusen und den Formen von Krankmeldungen sollte schriftlich im Vertrag verankert sein.

Und was machen Sie, wenn Eltern nicht einsehen, dass ihr Kind zu Hause bleiben muss, wenn es hustet und schnupft? Wenn eindeutig eine Erkältung oder gar Grippe mit Fieber vorliegt? Bestehen Sie darauf, dass das Kind abgeholt wird oder, falls der Weg nicht weit ist, das Kind allein nach Hause gehen darf. Gibt es niemanden, der sich um das Kind kümmert, sollte es sich in der Einrichtung ausruhen dürfen. Sinnvoll ist, eine Kuschelecke als „Quarantäne" einzurichten, wo das Kind Ruhe hat und sich zurückziehen kann, aber die anderen Kinder noch im Blick hat. So fühlt es sich nicht alleingelassen. Sprechen Sie die Eltern beim Abholen an, erklären Sie, dass das Kind krank ist und sich die Eltern um die Genesung kümmern sollen. Erst wenn es wieder gesund (ansteckungsfrei) ist, darf es zurück in die Einrichtung kommen.
Sorgen Sie in der Einrichtung dafür, dass benutzte Taschentücher direkt im Müll landen, und wischen Sie ggf. Spielsachen, Bücher oder Türklinken mit Desinfektionsmittel ab, wenn diese vom Kind angefasst bzw. mit Sekret benetzt wurden (durch Husten, Niesen …).
Halten Sie stets die **Hygienevorschriften** ein und ermuntern Sie auch die Kinder, sich mehrmals täglich die Hände gründlich mit Seife zu waschen. So vermeiden Sie eine Ausbreitung von Bakterien in der Einrichtung. Achten Sie darauf, dass das Reinigungspersonal Türklinken, Wasserhähne usw. besonders in Erkältungszeiten nicht nur mit einem feuchten Tuch wischt, sondern gründlich reinigt und desinfiziert.
Eltern, die Kinder wiederholt krank in die Einrichtung schicken, müssen deutlich auf ihre Pflicht hingewiesen werden, ihr Kind zu Hause zu lassen. Sollten sie sich dennoch nicht daran halten, müssen Sie das Gespräch suchen, um die Gründe dafür herauszufinden. Meist ist es eine Not, das Kind nicht betreuen zu können. Vielleicht können Sie hier vermitteln, z. B. mit Tipps zur Betreuung durch „Notfallomis" aus der Nachbarschaft oder Hilfen vom Jugendamt. Hilft alles nichts und Eltern halten sich nicht an die Regeln, bekommen sie eine Abmahnung bzw. Kündigung.

© somenski – Fotolia.com

Fakten über Kopfläuse

- Läuse wandern von Kopf zu Kopf, genauer von Haar zu Haar. Sie haben Haken an den Füßen, mit denen sie sich an Haaren festhalten können. Sie springen nicht und können nicht fliegen.
- Läuse suchen sich nicht schmutzige, fettige Köpfe aus, sondern nehmen den nächsten Kopf, den sie erreichen können.
- Teebaumöl und andere Mittel helfen nicht, vorzubeugen.
- Einfaches Haarewaschen hilft nicht, Läuse zu vertreiben.
- Läuse können ohne Nahrung (Blut vom Kopf eines Menschen) nur etwa einen Tag überleben. Deshalb wollen sie auf keinen Fall ihren Wirt (die Haare) verlassen. Daher ist es nicht nötig, Decken, Möbel und Stofftiere zu reinigen. Wer sicher sein will, kann kleine Stofftiere aber über Nacht ins Gefrierfach legen, dort sterben dann Läuse sicher ab.

Das müssen Sie tun:

- Niemand muss sich wegen Läusebefalls schämen!
- **Regelmäßig die Haare und Kopfhaut des Kindes kontrollieren** (z. B. beim Haarewaschen oder Kämmen).
- Läuse zeigen sich durch ihre Eier (Nissen), die sich fest an die Haare heften und nicht einfach wegzuschütteln oder wegzuwischen sind – im Gegensatz zu Hautschuppen.
- Läuse hinterlassen außerdem sehr kleine, schwarze Punkte auf der Kopfhaut (den Kot), den die Kinder bald unter den Fingernägeln haben, weil sie sich kratzen.
- Läusebisse (wenn diese Blut saugen) jucken und die Kinder kratzen sich. Das Jucken breitet sich nach einiger Zeit auch bis zu den Ohren und in den Nacken aus.

Sobald Sie Läuse oder Nissen auf dem Kopf des Kindes finden, tun Sie bitte Folgendes:

- Behandeln Sie das Kind mit einem mechanischen, ungiftigen **Läuseshampoo**. Gehen Sie dabei genau nach der Anleitung vor (zu kaufen in Apotheken und Drogerien).
- **Melden Sie den Läusebefall unbedingt in der Einrichtung und in der Schule!**
- Das Kind muss an diesem Tag zu Hause bleiben, bis die Läuse und Nissen entfernt wurden.
- Mützen und Kapuzen, die das Kind an dem Tag getragen hat, können Sie waschen, um sicherzugehen, dass alle Läuse abgetötet sind.
- Um die Nissen leichter auskämmen zu können, nutzen Sie eine Spülung aus Essigwasser und einen Nissenkamm (zu kaufen in Drogerien und Apotheken).
- Am nächsten Tag darf das Kind die Schule und Einrichtung wieder besuchen.
- **Prüfen Sie täglich die Haare/den Kopf des Kindes.** Am besten geht das, indem das Kind den Kopf über ein Waschbecken hält und Sie mit dem Nissenkamm in Richtung Waschbecken kämmen. So fallen Nissen und Läuse ins Becken und Sie können später nachsehen, was alles herausgefallen ist. Mit etwas Essigwasser geht das Kämmen leichter und restliche tote Nissen lösen sich vom Haar.
- Denken Sie unbedingt daran, **nach ca. acht bis zehn Tagen die Anwendung des Läusemittels zu wiederholen, um evtl. neu geschlüpfte Läuse zu erwischen** (s. Anleitung des Läusemittels).
- Kontrollieren Sie weiterhin regelmäßig die Haare/Kopfhaut des Kindes auf neuen Läusebefall.

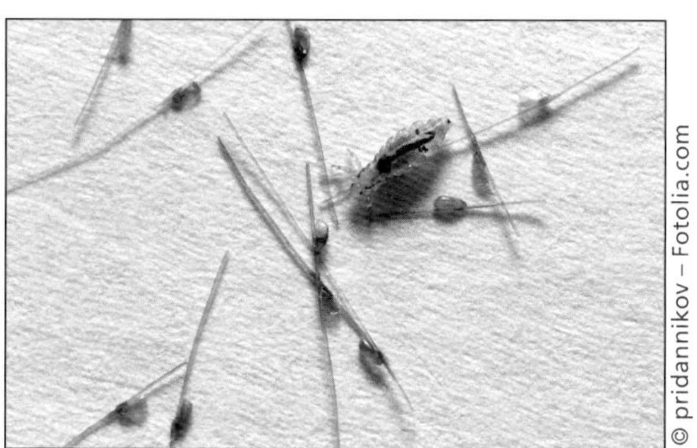

Hiermit bestätige ich, ...,

dass ich mein Kind ....

Gruppe/Klasse ....

gründlich mit einem Läusekamm auf Kopfläuse und Nissen untersucht habe.

Ich habe Nissen/Läuse gefunden.

☐ Ja ☐ Nein

Ich habe mein Kind mit einem geeigneten Läusemittel behandelt.

☐ Ja ☐ Nein

Ich versichere, dass ich die Behandlung in den nächsten acht bis zehn Tagen wiederholen und täglich die Haare meines Kindes mit einem Läusekamm gründlich kämmen werde.

Datum .... Unterschrift ....

Kinderrechte – Kinderschutz – Datenschutz

Kinder haben Rechte und diese sind sehr umfassend. Leider werden sie selbst im fortschrittlichen Deutschland nicht immer eingehalten und es kommt immer wieder zu Vernachlässigungen, Missbrauch und Gewalt an Kindern. Als pädagogische Fachkraft ist es wichtig, sich mit dem Wortlaut der **Kinderrechte** vertraut zu machen und diese auch den Kindern zu vermitteln.

Tipp:
Das Bundesministerium für Familie, Senioren, Frauen und Jugend bietet auf seiner Homepage unter „Service" und „Publikationen" die Kinderrechtskonvention der Vereinten Nationen in einem Dokument an.
Umfassende Informationen und Anregungen für die Praxis erhalten Sie auf der Internetseite www.kinderrechte.de.

Für den Fall, dass Kinderrechte nicht beachtet werden und das Wohl des Kindes gefährdet wird, gibt es im Sozialgesetzbuch (SGB) VIII, auch bekannt als Kinder- und Jugendhilfegesetz (KJHG), Regelungen und Empfehlungen für Leistungen für Kinder, Jugendliche und deren Familien. In Artikel 8a finden sich spezifische Informationen zur **Kindeswohlgefährdung**:

„(1) Werden dem Jugendamt gewichtige Anhaltspunkte für die Gefährdung des Wohls eines Kindes oder Jugendlichen bekannt, so hat es das Gefährdungsrisiko im Zusammenwirken mehrerer Fachkräfte einzuschätzen. Soweit der wirksame Schutz dieses Kindes oder dieses Jugendlichen nicht in Frage gestellt wird, hat das Jugendamt die Erziehungsberechtigten sowie das Kind oder den Jugendlichen in die Gefährdungseinschätzung einzubeziehen und, sofern dies nach fachlicher Einschätzung erforderlich ist, sich dabei einen unmittelbaren Eindruck von dem Kind und von seiner persönlichen Umgebung zu verschaffen. Hält das Jugendamt zur Abwendung der Gefährdung die Gewährung von Hilfen für geeignet und notwendig, so hat es diese den Erziehungsberechtigten anzubieten."
Bei Verdacht auf Kindeswohlgefährdung bestehen konkrete Anweisungen, die es zu befolgen gilt, um das Kind zu schützen, aber auch falschen Verdacht zu vermeiden. Die Einschätzung der Gefährdung soll nach bestimmten Richtlinien erfolgen. Diese müssen für jede sozialpädagogische Einrichtung festgelegt sein. Folgende Aufstellung gibt einen verkürzten Überblick:

1. Gefährdungseinschätzung/Verdacht und Beobachtung
2. Beratung mit Kolleginnen und Leitung
3. bei konkretem, bestätigtem Verdacht eine externe Fachkraft hinzuziehen
4. gemeinsam auf die Eltern zugehen und Lösungen suchen, ggf. Hilfe anbieten; falls diese abgelehnt wird, nicht reicht oder nicht möglich ist, Meldung beim Jugendamt
5. bei akuter Gefahr der Gesundheit/des Lebens sofort das Jugendamt informieren und die Eltern, wenn möglich, anschließend darüber informieren

Tipp:
Viele Informationen und konkrete Tipps zum Thema Kinderschutz sowie Checklisten zur Kindeswohlgefährdung gibt es auf der Internetseite des Bündnis Kinderschutz MV.
Der Paritätische Gesamtverband hat zu diesem Thema die Broschüre „‚Kinderschutz' in Kindertageseinrichtungen – Umsetzung des § 8a SGB VIII" herausgegeben. Hier finden Sie detaillierte Informationen und einen genauen Leitfaden, nach dem Sie handeln können, wenn ein Verdacht auf Kindeswohlgefährdung besteht.

Auch der Schutz persönlicher Daten ist ein Recht von Kindern und ihren Eltern. Grundsätzlich gilt: Ein Hort/Ganztag ist kein privater und damit geschützter Raum. Daher sind alle **personenbezogen Informationen und Daten** unter Verschluss zu halten. Für jegliche Weitergabe bzw. Veröffentlichung (öffentliche Darstellung) ist die schriftliche Einwilligung der Erziehungsberechtigten einzuholen. Auch wenn es rechtlich nicht bindend ist, sollte das Kind zumindest gefragt werden. Veröffentlichungen sind z. B. Wandzeitungen, Webseiten, E-Mails, Newsletter.
Portfolios sind Eigentum des jeweiligen Kindes. Daher dürfen darin auch Fotos erscheinen. Achten Sie bei Festen und anderen Veranstaltungen darauf, wen Sie fotografieren, bzw. veröffentlichen Sie nur Bilder, wenn die sichtbaren Personen damit einverstanden sind.
Lassen Sie sich am besten mit dem Aufnahmevertrag Einwilligungen zur Verwendung von Bild-, Ton- und Videomaterial unterschreiben. Da diese Vereinbarungen sehr spezifisch formuliert werden müssen und rechtlich bindend sein sollen, ist es sinnvoll, hier einen Anwalt (über den Träger) hinzuzuziehen.
Haben Sie die Erlaubnis, Fotos, Videos oder Tonaufnahmen von Kindern/Eltern zu veröffentlichen, z. B. auf die Webseite zu stellen, achten Sie bitte darauf, die Personen stets gut darzustellen. Niemals dürfen sie entblößt oder in anderer Weise intim oder kompromittierend bzw. beleidigend gezeigt werden!

Tipp:
Eine sehr informative Broschüre hat die Berliner Beauftragte für Datenschutz und Informationsfreiheit gemeinsam mit der Senatsverwaltung für Bildung, Jugend und Familie Berlin herausgebracht. Hier finden Sie alle wichtigen Infos dazu, was Sie beachten müssen, wenn Sie beispielsweise Fotos verwenden möchten, auf denen Eltern und/oder Kinder abgebildet sind. Geben Sie ins Suchfeld der Seite www.datenschutz-berlin.de die Begriffe „Kindergarten" oder „Kindertagesstätte" ein und Sie werden schnell fündig.

© Christian Schwier – Fotolia.com

Hinein in die Praxis

Wo stehen wir? – eine Bestandsaufnahme

Bevor Sie sich neue Angebote für und mit Eltern überlegen oder versuchen, eine problematische Elternzusammenarbeit zu analysieren, sollten Sie herausfinden, was Sie bisher schon alles leisten. Setzen Sie sich im Team zusammen und sammeln Sie alles, was Sie mit den Eltern und für die Eltern tun, und auch umgekehrt: was Sie von den Eltern erfahren und erhalten.
Werten Sie zusammen aus, welche der Angebote und Aktionen welchen Stellenwert haben, wie die einzelnen Kolleginnen damit umgehen und sie empfinden. Der angebotene Elternbastelnachmittag einmal pro Quartal kann z. B. für einige Teammitglieder als eine sehr fruchtbare Möglichkeit des Austausches mit und zwischen den Eltern erlebt werden. Andere finden es eher sinnlos und sogar belastend, dass immer zwei Kollegen abgezogen werden müssen, um sich mit den Eltern zu befassen. Im Gespräch können hierfür bereits Lösungen gefunden werden, z. B. könnte der Nachmittag zukünftig am Wochenende oder abends stattfinden und nur wer mag und Überstunden braucht, stellt sich als Betreuerin zur Verfügung. Andere Unstimmigkeiten benötigen vielleicht einen genaueren Blick auf die Ursache bzw. die Situation und das Team muss sich evtl. gemeinsam mit den Eltern überlegen, wie sie es ändern können.

Bedarfsanalyse mithilfe eines Fragebogens

Um herauszufinden, was Eltern brauchen und was sie sich für die Zusammenarbeit mit Ihnen wünschen, können Sie einen Fragebogen erstellen. Bitten Sie die Eltern, die Fragen möglichst ehrlich zu beantworten. Selbstverständlich sollen die Fragebögen anonym sein. Dafür bereiten Sie einen Briefkasten, z. B. einen Schuhkarton, vor, in den die ausgefüllten Bögen eingeworfen werden können. Für die Erstellung des Fragebogens sollten Sie folgende Anhaltspunkte beachten:

- kurz halten: höchstens zwei DIN-A4-Seiten mit Stichpunkten
- übersichtlich gestalten: locker, ausreichend Platz zum Schreiben
- Fragen und Informationen klar und einfach formulieren
- zu Beginn das Ziel der Befragung anführen, damit die Eltern verstehen, wofür sie die Antworten aufschreiben sollen
- am Ende in Aussicht stellen, wann und wo die Ergebnisse der Befragung bekannt gegeben werden.

Wenn Sie die Ergebnisse der Umfrage ausgewertet haben, müssen Sie im Team besprechen, wie Sie damit umgehen. Sie haben nun konkrete Hinweise darauf, was die Eltern sich wünschen, und können direkt reagieren. Arbeiten Sie aus, welche Wünsche Sie umsetzen wollen und wie Sie vorgehen werden. Fertigen Sie einen Aushang an, auf dem Sie die Ergebnisse der Umfrage bekannt geben und die angestrebten Veränderungen mitteilen.

Tipp:
Erarbeiten Sie auch einen Team-Fragebogen, um herauszufinden, welche Art von Zusammenarbeit und Partnerschaft mit den Eltern sich das Team wünscht. Diesen Fragebogen könnten Sie auch gemeinsam mit Eltern erstellen oder sie darum bitten, dies für Sie zu tun. So werden die Bedürfnisse beider Partner ernst genommen und es kann eine reelle Basis für eine partnerschaftliche Zusammenarbeit geschaffen werden.

Liebe Eltern,

eine partnerschaftliche Zusammenarbeit mit Ihnen ist uns sehr wichtig. Gemeinsam können wir die besten Voraussetzungen für Ihr Kind schaffen. Um Ihre Bedürfnisse und Wünsche herauszufinden, bitten wir Sie, folgende Fragen zu beantworten. Kritik ist ausdrücklich erwünscht! Da die Umfrage anonym ist, schreiben Sie bitte keinen Namen auf den Fragebogen.

Stecken Sie das gefaltete Papier bis zum .... in den Briefkasten, den wir dafür aufgestellt haben, oder bitten Sie Ihr Kind darum, dies zu tun.
Wir werden Ihnen die Ergebnisse der Umfrage mitteilen, sobald wir sie ausgewertet und unsere Antworten dazu gefunden haben.

Herzlichen Dank für Ihre Mithilfe!

Das Team

1. Sind Sie allgemein mit der Elternzusammenarbeit zufrieden?

☐ Ja ☐ Teilweise ☐ Nein

Anmerkungen:

....

....

2. Fühlen Sie sich über die pädagogischen Ansätze und die Arbeitsweise des Teams gut informiert?

☐ Ja ☐ Teilweise ☐ Nein

Anmerkungen:

....

....

3. Fühlen Sie sich bei Fragen und Problemen ausreichend unterstützt?

☐ Ja ☐ Teilweise ☐ Nein

Anmerkungen:

....

....

4. Empfinden Sie die Hausaufgabensituation als gut?

☐ Ja ☐ Teilweise ☐ Nein

Anmerkungen:

....

....

5. Empfinden Sie das Mittagessen sowie dessen Ablauf als gut geregelt?

☐ Ja ☐ Teilweise ☐ Nein

Anmerkungen:

....

....

6. Empfinden Sie die Anzahl der Elternabende als ausreichend?

☐ Ja ☐ Teilweise ☐ Nein

Anmerkungen:

....

....

7. Empfinden Sie die Angebote für Eltern in unserer Einrichtung als ausreichend?

☐ Ja ☐ Teilweise ☐ Nein

Anmerkungen:

....

....

8. Welche weiteren Angebote und Möglichkeiten zum Austausch mit den pädagogischen Fachkräften sowie anderen Eltern würden Sie sich wünschen? Bitte notieren Sie hier Ihre Ideen:

....

....

....

....

....

9. Welche sonstigen Anmerkungen, Wünsche und Ideen möchten Sie uns mitteilen?

....

....

....

....

....

....

Die Anmeldung und das Aufnahmegespräch

Der erste Kontakt zu neuen Eltern findet meist bei der Anmeldung, gelegentlich auch bei Festen und Infoveranstaltungen statt. Gibt es kein Anmeldegespräch, z. B. weil die Einrichtung so viele Plätze hat, dass sie dies nicht leisten kann, lernen sich Eltern und pädagogische Fachkräfte bei Festen, Feiern, Infoveranstaltungen oder Hospitationen kennen. So oder so gilt: Der erste Eindruck zählt! Obwohl dieser sicher auch täuschen kann, beeinflusst der erste Moment eines Kennenlernens unser Urteil über die andere Person. Machen Sie sich dieses Wissen zunutze und sorgen Sie für einen guten ersten Eindruck.

Zeigen Sie, wer Sie sind und welche Position Sie haben. Aber stellen Sie auch die Einrichtung positiv dar. Als Leitung oder Gruppenleitung werden Sie für die Aufnahmegespräche verantwortlich sein. Ihre Position beinhaltet eine große Fachkompetenz, gewisse Autorität und viel Verantwortung. Dies alles strahlen Sie aus, wenn Sie sich dessen bewusst und sicher sind.

Tipp:
So strahlen Sie Haltung aus:
Nehmen Sie eine aufrechte Haltung ein, mit geradem Rücken, gestrecktem Hals und zurückliegenden Schultern.
Ihre innere Haltung äußert sich so auch in Ihrer körperlichen, äußeren Haltung.

Außerdem sollten Sie das **Leitbild der Einrichtung** sowie Ihre **pädagogische Haltung** übermitteln.

Dies geschieht ebenfalls zunächst nonverbal, durch Ihre Mimik, Gestik und Ihr Verhalten. Eine positive und wertschätzende Haltung nehmen Sie ein, wenn Sie die Menschen jeweils direkt ansehen, den Blickkontakt auch mal länger halten. Sie dürfen auch Körperkontakt aufnehmen, indem Sie zur Begrüßung jeweils die Hand geben und für ein paar Sekunden halten. Wenden Sie sich in Gesprächen den Personen zu und konzentrieren Sie sich voll auf den Moment. Und vergessen Sie bei all den „körperlichen" Bemühungen nicht Ihren Humor! Freundliches, herzliches Lächeln öffnet Türen und Herzen. Ein losgelöstes, gemeinsames Lachen über eine Situation oder Anekdote kann das Eis brechen und den Eltern die Kommunikation erleichtern.

Bedenken Sie, dass die Eltern mit ihrer Unterschrift unter den Aufnahmevertrag vorhaben, Ihnen ihr Kind anzuvertrauen. Sie werden ihren gut behüteten Schatz an Sie weiterreichen, für eine bestimmte Zeit zwar, jedoch mit der vollen Verantwortung. Wenn Eltern sich dabei sicher und gut fühlen wollen, brauchen sie großes Vertrauen in Sie und Ihre Arbeit. Seien Sie sich dessen bewusst und zeigen Sie ihnen, dass Sie dankbar sind für das Vertrauen.

Planen Sie Aufnahmegespräche rechtzeitig und sprechen Sie den Ablauf sowie das konkrete Gespräch vorher mit Kolleginnen durch, wenn Sie das erste Mal damit betraut sind! Wenn Sie die Gespräche zu zweit durchführen, also mit einer Beisitzerin, kann diese Notizen machen, Fragen und Antworten ergänzen und Sie in einer schwierigen Situation unterstützen.

Händigen Sie den Eltern den Aufnahmevertrag aus und gehen Sie die wichtigsten Punkte kurz durch. Lassen Sie ihnen ausreichend **Zeit für Fragen und Anmerkungen**.

Je mehr Interesse Sie zeigen, desto angenommener und damit willkommener fühlen sich die Eltern.

Erläutern Sie, was es mit der Konzeption Ihrer Einrichtung auf sich hat, und händigen Sie ein Exemplar aus. Auch die weiteren Unterlagen, wie Einverständniserklärung für Fotos u. Ä. händigen Sie jetzt aus, sofern sie nicht im Aufnahmevertrag enthalten sind.

Setzen Sie ein Zeitlimit für jedes Gespräch, damit Sie allen Eltern gerecht werden können. Erläutern Sie kurz das weitere Prozedere – Abgabe der unterschriebenen Formulare/Verträge, Schnuppertage für die Kinder, Eingewöhnungszeiten, Möglichkeit, zu hospitieren usw.

Stellen Sie deutlich dar, warum es wichtig ist, dass die Eltern mit Ihnen zusammenarbeiten. Sie sind die pädagogische Fachkraft der Einrichtung und sollten den Eltern gegenüber auch die Wertvorstellungen vertreten bzw. darlegen, die dem Team und dem Träger wichtig sind.

© Gerhard Seybert – Fotolia.com

Tipp:
Die wichtigsten Infos für die Eltern sollten Sie schriftlich festhalten und ihnen mitgeben.

- Wann erhalte ich die Ab- oder Zusage?
- Wann ist der erste Tag für mein Kind?
- Wie sind die Zeiten für die ersten Tage meines Kindes in der Einrichtung?
- Darf mein Kind vorher schnuppern und wann?

Eltern, die desinteressiert oder sehr forsch auftreten, die fordern, statt sich zunächst zu informieren, sollten Sie mit Ruhe, Gelassenheit und fachlicher Kompetenz begegnen. Sie sind Eltern, wollen nur das Beste für ihr Kind und sind oft einfach nur unsicher, ob sie die richtige Wahl/Entscheidung getroffen haben. Evtl. haben sie schlechte Erfahrungen mit einer ähnlichen Einrichtung gemacht oder stehen unter Druck, weil sie viele Kinder mit unterschiedlichen Bedürfnissen gut unterbringen müssen.
Besonders ausgefallene Erziehungswünsche von Eltern, denen Sie auf keinen Fall nachkommen können, sollten Sie mit freundlicher, aber konsequenter Ablehnung begegnen. Erhalten Sie beispielsweise den Rat: „Wenn Laura sich beim Essen nicht benimmt, streichen Sie ihr den Nachtisch!", können Sie ihn entweder „überhören", was zur Folge haben könnte, dass die Eltern weiter auf ihre Erziehungsmethoden bestehen, oder aber Sie sagen deutlich: „Ich denke, in der Gemeinschaft wird Laura unsere Essensregeln bestimmt bald kennen und umsetzen." Wollen Sie sich noch klarer ausdrücken, dürfen Sie dies, indem Sie Ihre pädagogische Haltung vertreten, z. B.: „Wir streichen den Kindern den Nachtisch nicht. Das gemeinsame Essen gehört zu unserem pädagogischen Konzept und ist wichtig für alle Kinder. Verhalten sich Kinder so, dass wir es als störend empfinden, teilen wir es ihnen mit und bitten sie, sich an die Regeln zu halten." Fordern Eltern: „Der Benedikt macht ständig Quatsch. Wenn er keine Ruhe gibt, dürfen Sie ihn gern ein bisschen an den Ohren ziehen, das schadet ihm gar nicht.", ist ein klares Statement gefragt, denn auch Ohrenziehen ist Machtmissbrauch und körperliche Misshandlung! Dies ist ebenfalls gesetzlich geregelt und darf von Ihnen nicht toleriert werden.

Der Hinweis der Eltern auf ihren Umgang mit körperlicher Züchtigung ist jedoch eine Notiz wert, um den Jungen im Auge zu behalten. Es könnte sein, dass seine Aktivität zu Hause für Eltern (und Geschwister) recht anstrengend ist und sie wiederum nicht wissen, wie sich anders helfen können, als durch Ohrenziehen oder den berühmten „Klaps". Sollten die Eltern eine körperliche Züchtigung direkt einfordern, können Sie auch direkt antworten: „Körperliche Gewalt, Strafen und Machtmissbrauch entsprechen nicht unserem Erziehungsstil und sind per Gesetz verboten." Außerdem müssten sie hier auf ihre Pflicht hinweisen, bei Verdacht auf körperliche Gewalt seitens der Eltern das Jugendamt zu informieren.

Tipp:
Eltern mit politischer Haltung, die sie offen und evtl. auch fordernd mit zu Ihnen bringen, dürfen Sie klar sagen, dass Ihre Einrichtung unpolitisch, sozial und ggf. auch inklusiv ist. Äußern sich z. B. Eltern negativ zur Flüchtlingssituation und wünschen ihr Kind in eine rein deutsche Gruppe, dürfen Sie erwidern, dass in Ihrer Einrichtung kein Unterschied zwischen den Kindern gemacht wird und ganz bewusst alle Gruppen gemischt sind, sodass Jungen und Mädchen aller möglichen Herkunftsnationalitäten vertreten sein können. Möchten das die Eltern nicht, steht es ihnen frei, zu gehen.

Eltern hospitieren

Wenn Grundschulkinder nachmittags in Hort oder Ganztagsbetreuung gehen, sind sie täglich meist um die acht Stunden von ihren Eltern getrennt. Genauso wenig wie sie sich vielleicht vorstellen können, was Mutter und Vater in der Arbeit tun, wissen Eltern, was ihre Kinder nachmittags tun. Sie erhalten zwar Infos über den Ablauf (Essen, Hausaufgaben, Freizeit etc.); wie diese Zeiten genutzt werden und vor allem, wie ihr Kind diese nutzt, können sie sich nicht genau vorstellen. So ist es nicht verwunderlich, wenn sie nicht verstehen, warum das Kind abends so müde ist, wo es doch „den ganzen Nachmittag mit Freunden gespielt hat". Tatsächlich ist das Kind womöglich in einer sehr großen Einrichtung und dort von Lärm und ständigem Gruppengeschehen evtl. überfordert. Oder das Kind erzählt von Aktivitäten, Raumgestaltung usw., doch die Eltern dachten, das Kind ist überwiegend mit Hausaufgaben beschäftigt, und wundern sich, dass es so viel Freizeit hat. Manche Eltern haben Angst, ihr Kind in der ersten Klasse könnte in der Hortgruppe untergehen, andere haben Bedenken, dass ein zu rauer Umgangston unter den Kindern herrscht usw.

Lassen Sie Eltern hospitieren! So gewähren Sie ihnen einen **Einblick ins Tagesgeschehen**. Sie können sich selbst ein Bild machen und ihrem Kind Interesse zeigen. Damit Hospitationen gut klappen, sind klare Regeln wichtig. Die Eltern sollen weder wie Schaulustige herumstehen, noch sich zu sehr einbringen. Überlegen Sie im Team, was Ihnen wichtig ist und wo die Grenzen liegen sollen. Denken Sie dabei auch an den **Datenschutz**: Eltern müssen Gehörtes, Gesehenes und Erlebtes im geschützten Raum lassen und dürfen es nicht nach draußen tragen.

Möglich ist vieles: vom Besucherstuhl, von dem aus das Gruppengeschehen still beobachtet werden darf, bis hin zur aktiven Mitarbeit (spielen, Aktivitäten unterstützen usw.). Regeln Sie die Hospitationen konsequent, sodass für Besucher klar ist, was sie dürfen und was nicht. Geben Sie ihnen ein Infoblatt, auf dem die Regeln und Möglichkeiten übersichtlich aufgelistet sind. Auch der Zeitrahmen muss hier stehen. Auf dem Infoblatt können auch ein paar Beobachtungtipps und Anregungen zur Reflexion aufgelistet sein. So regen Sie Eltern an, etwas genauer hinzusehen und offener für das Geschehen in der Einrichtung zu sein.

Es ist sinnvoll, sich nach der Hospitation kurz auszutauschen. Sicher hat die Mutter/der Vater vorab geäußert, warum sie/er hospitieren will. Nun können Sie nachfragen, ob es geholfen hat, ob noch Fragen offen sind o. Ä. Begrenzen Sie das Gespräch auf höchstens 30 Minuten. Seien Sie dabei offen für Kritik, auch wenn diese nach Hospitationen meist sehr spontan und unreflektiert sein mag. Vielleicht steckt in der Kritik ja eine sinnvolle Anregung, die Sie nutzen können!

Liebe Eltern,

schön, dass Sie Ihr Kind heute bei uns besuchen. Gern dürfen Sie das Geschehen beobachten. Wir und die Kinder freuen uns aber auch, wenn Sie aktiv an unserem Miteinander teilnehmen.

Folgende Fragen sollen Ihnen zur Anregung für Beobachtungen dienen:

- Kann sich mein Kind von mir lösen und sich dem Gruppengeschehen widmen?
- Welche Bezugspersonen hat es (Erwachsene und Kinder)?
- Hält es sich an die Regeln?
- Verhält es sich anders als zu Hause? Wie?
- Womit beschäftigt es sich?
- Wie hilft es sich bei Problemen?
- Zeigt mein Kind Eigeninitiative oder lässt es sich lieber von anderen leiten?
- Wie verlaufen die Hausaufgaben für mein Kind?
- Fühlt sich mein Kind wohl?
- Wie geht es mir damit, mein Kind hier zu erleben?
- Wie gefällt es mir hier?

....

....

....

....

....

....

....

....

....

....

Für ein kurzes Gespräch im Anschluss an Ihren Besuch stehen wir gern zu Verfügung.

Wichtig: Bitte denken Sie daran, keinerlei persönliche Daten und Informationen nach außen zu tragen.

Wir wünschen Ihnen eine schöne und interessante Hospitation!

Wir stellen uns vor

Auf der Webseite der Einrichtung und meist auch auf einem Schwarzen Brett im Eingangsbereich finden Eltern kurze **Informationen über das Team**. Leider sind diese Informationen häufig nicht aktuell und sowieso eher nüchtern und wenig ansprechend. Aktualität ist besonders wichtig, damit Eltern auf einen Blick erkennen können, welche Personen in der Einrichtung arbeiten und welche Funktionen sie innehaben. Außerdem ist es natürlich schön, wenn es etwas mehr Informationen gibt, wie z. B. besondere Schwerpunkte der Arbeit, besondere Interessen oder Hobbys. Eine besondere Möglichkeit, sich vorzustellen, ist ein Foto, das die Person bei ihrem Schwerpunkt oder ihrer „typischen Tätigkeit" in der Einrichtung zeigt. Das kann auch sehr humorvoll umgesetzt werden. Die Erzieherin, die täglich mit den Jüngsten Hausaufgaben macht, lässt sich, von Kindern umzingelt, fotografieren und sieht dabei sehr überfordert aus (vielleicht sogar mit verstrubbelten Haaren). Die Erzieherin, die Sport liebt und die Kinder täglich antreibt, sich sportlich zu betätigen, zeigt sich auf dem Foto in Sportkluft, ausgerüstet mit vielen Bällen oder im Handstand. Um die Teammitglieder auch „normal" zu zeigen, kann jedes von ihnen ein neutrales Foto danebenhängen.

Wichtig ist bei dieser Vorstellung auf einer Infowand und einer Webseite, dass auch hier die Haltung der Einrichtung widergespiegelt wird. Sehen Sie sich eher als seriös, ernst, als Bildungseinrichtung, die vor allem für Disziplin und Ordnung sorgt, sollten die Fotos ebenso seriös und ernst sein. Wer aber vor allem mit Humor und Leichtigkeit Kindern ein fröhliches Miteinander ermöglichen will, darf dies auch bei den Vorstellungsbildern zeigen.

Achten Sie darauf, die Zielgruppe anzusprechen. Wenn die Eltern überwiegend deutschsprachig sind, haben Sie es leicht und sie werden die Informationen verstehen. Wenn aber viele Eltern mit Migrationshintergrund und mangelnden Deutschkenntnissen nach Informationen suchen, sollten diese auch mehrsprachig oder in Bildsprache sein. Fotos des Teams sind daher eine sehr praktische Möglichkeit, sich vorzustellen. Schreiben Sie die Informationen nur knapp darunter, z. B. so:

Karin – Erzieherin – Dinogruppe
oder
Frau Sommer – Lehrerin – Klasse 4a – Hausaufgaben.

Eltern eingewöhnen

Nicht nur die Kinder müssen sich in einer neuen Einrichtung eingewöhnen, auch für die Eltern ist es neu, ihr Kind nachmittags im Hort oder in der Ganztagsbetreuung zu lassen. Manche Eltern lassen sich auf die neue Situation ein, beachten die Informationen und besuchen Elternabende, um ihrem Kind eine gute Zeit zu ermöglichen. Andere sind an keinerlei Miteinander interessiert. Viele Eltern benötigen jedoch etwas Unterstützung, um ihr Kind in guten Händen zu wissen, insbesondere Eltern von Schulanfängern. Ihnen reichen schriftliche Informationen oft nicht aus. Sie haben evtl. Fragen, die sie sich nicht zu stellen trauen, oder aber sie stellen diese täglich beim Abholen. Eltern machen, wie ihre Kinder, die Erfahrung, dass eine Art neuer Lebensabschnitt beginnt, denn ihr Kind ist nun Schulkind und dazu noch in nachmittäglicher Betreuung. Das zweite „Jahrsiebt" beginnt, wie Rudolf Steiner es nennt. Dies ist die Zeit des schulischen Lernens, ein Abschied vom Kindsein und ein Hin zu mehr **Selbstständigkeit und Autonomie**. Das bedeutet für die Eltern, dass sie noch mehr loslassen und ihrem Kind zutrauen müssen, den Alltag allein bewältigen zu können.

Wenn Sie Eltern bei ihrer „Eingewöhnung" unterstützen wollen:

- Seien Sie offen für alle Fragen.
- Zeigen Sie Geduld und Verständnis.
- Bieten Sie Hospitationsmöglichkeiten an.
- Nehmen Sie die Bedürfnisse der Eltern ernst.
- Setzen Sie den ersten Elternabend recht früh an.
- Strahlen Sie Kompetenz und Zuversicht aus, um Eltern Sicherheit zu geben.

Eltern und Kinder mit besonderen Bedürfnissen

Jedes Kind hat ein Recht auf Bildung und Teilhabe am gesellschaftlichen Leben. Dabei ist es ganz gleich, ob es eine körperliche, geistige oder seelische Behinderung bzw. Beeinträchtigung hat. Bis vor Kurzem galt es, Kinder in die jeweilige Gruppe der „normalen", gesunden Kinder zu integrieren. Sie sollten sich möglichst anpassen und somit „eingegliedert" werden. Seit einigen Jahren steht jedoch das Individuum mit seinem Recht auf freie Entfaltung mehr im Vordergrund. Kinder müssen sich nicht anpassen, sondern die **Rahmenbedingungen** sollen so **verändert** werden, dass alle Kinder ihren Platz finden. Dazu gehört auch, dass die Gemeinschaft sich öffnet und alle voneinander lernen.

Info:

Inklusion kommt vom lat. includere = beinhalten, dazugehören, einschließen

Inklusion im pädagogischen Kontext = Einschluss, alle gemeinsam, miteinander, die Rahmenbedingungen auf die Gruppe anpassen

Diversität = Unterschiedlichkeit

Integration im pädagogischen Kontext = Eingliederung (dabei sein, aber nicht miteinander, sondern eher nebeneinander), sich an Normen anpassen

© fusssergei – Fotolia.com

Auch wenn der Inklusionsgedanke das **Individuum und seine Bedürfnisse** wesentlich mehr bedenkt als die Integration, gibt es Kritik. Diese ist vor allem in den Rahmenbedingungen der Umsetzung begründet. Dass beispielsweise tatsächlich alle Kinder in die gleiche Schulform und Nachmittagsbetreuungsform gehen sollen, kann nicht funktionieren: Es gibt Kinder, die damit überfordert sind. Dann aber müssen Eltern erst einfordern, ihr Kind in eine Förder- bzw. Sonderschule schicken zu können. Es ist also der umgekehrte Fall als früher, wo Eltern erst einklagen mussten, ihr Kind auf eine Regelschule schicken zu dürfen. Wünschenswert wäre ein Umdenken hin zur **Wertschätzung und Akzeptanz jedes Menschen**, so wie er ist, mit all seinen Bedürfnissen und Fähigkeiten. Dabei muss auch möglich sein, als Eltern gemeinsam mit einer Fachstelle zu entscheiden, welche Kita- oder Schulform die richtige für das Kind ist.

Für die Praxis bei der Betreuung von Grundschulkindern bedeutet dies, dass jedes Kind, egal ob mit oder ohne körperliche, seelische oder geistige Beeinträchtigungen, egal welcher Hautfarbe, welchen Geschlechts, welcher Religionszugehörigkeit und aus welchem Kulturkreis, gleichermaßen willkommen sein soll. Das fordert eine **positive Haltung** allen Individuen gegenüber, aber auch Offenheit gegenüber dem Team, wenn es Probleme gibt. So ist es beispielsweise hilfreich, sich ehrlich mit den Kolleginnen auszutauschen, wenn man diese positive Haltung nicht hat oder einfach durch Berührungsängste verunsichert ist. Es ist nicht verwerflich, sich nicht zuzutrauen, auf einen Rollstuhlfahrer zuzugehen oder ein Schulkind beim Toilettengang zu unterstützen. Wichtig ist, es sich einzugestehen und dem Team gegenüber ehrlich zu sein. Bestimmt gibt es einen Kollegen, der Sie unterstützt und begleitet, um Ihre Ängste abzubauen. Auch Fortbildungen und Kurse können dabei helfen. Und letztendlich ist es am besten, mit dem betroffenen Kind zu sprechen. Meist sind die Unsicherheiten in uns verankert, weil wir nicht wissen, was uns erwartet.

Eltern von Kindern mit Beeinträchtigung benötigen evtl. mehr Kontakt und Absprachen. Im Grunde jedoch können und wollen auch die allermeisten nur „ganz normale Eltern" sein und vom Team und den anderen Eltern akzeptiert werden. Je weniger Aufhebens um sie gemacht wird, desto eher entsteht ein wirkliches Miteinander.

Manchmal hat ein Elternteil selbst eine Beeinträchtigung, z. B. starkes Stottern, eine Sehbehinderung oder eine psychische Krankheit (Depression, Burn-out, Alkoholsucht …) oder Beeinträchtigung. Hier gilt es, das Gespräch zu suchen, um sich über die nötige Unterstützung zu informieren. Gerade Menschen mit langjähriger bzw. angeborener Behinderung können Ihnen genau sagen, was sie brauchen und was nicht. Feingefühl ist besonders dann gefragt, wenn ein Elternteil eine schwere Krankheit hat. Manchmal ist es dann nötig, Grenzen fallen zu lassen und die Person einfach mal in den Arm zu nehmen. Dies ist individuell und muss von Person zu Person abgewogen werden. Andere Betroffene wollen gar nicht darauf angesprochen werden und lieber den Alltag erleben, solange es möglich ist. Es ist viel Gespür und Feingefühl nötig, um eine Balance zwischen Unterstützung und Seelsorge zu finden. Wie immer gilt: Bieten Sie ein Gespräch und Absprachen an, um dies zu klären. Beachten Sie in jedem Fall, diskret zu sein und nur die Informationen ans Team, die Kinder oder andere Eltern weiterzutragen, die von der Person erlaubt werden!

© LIGHTFIELD STUDIOS – Fotolia.com

Gespräche führen

Miteinander sprechen ist doch ganz alltäglich und normal für uns. Denken Sie das? Vermutlich wissen Sie bereits, wie schwierig es sein kann, mit Eltern zu sprechen, vor allem, wenn Probleme auftreten und Lösungen erarbeitet werden sollen (s. Kap. „Reizthemen" ab S. 67 und „Wenn's Probleme gibt" ab S. 74). Umgekehrt hat bestimmt jeder von uns bereits erlebt, welche Unterschiede es gibt, ein Gespräch zu führen, je nachdem, wer der Gesprächspartner ist. Gespräche verlaufen also sehr unterschiedlich, abhängig von den Personen, die sie führen.

Um nun das Gespräch positiv zu leiten bzw. zu lenken, sollten Sie etwas üben. Beherzigen Sie einige einfache Regeln und trauen Sie sich zu, selbstbewusst und offen zu sein. Denn sehr wichtig ist, Gesprächsinhalte nicht persönlich zu nehmen und stets sachlich zu kommunizieren (s. Vier-Ohren-Modell, S. 41).

Grundregeln für positive Gespräche

- Auf die Körpersprache achten – Offenheit, Wertschätzung und Freundlichkeit signalisieren: Hand geben, lächeln, in die Augen sehen, den Körper zuwenden
- Türöffner benutzen – Aufforderungen bzw. Ermunterungen, zu erzählen; Hinweise, dass Sie nun zuhören werden, z. B. „Erzählen Sie mir bitte davon."
- Aktiv zuhören – konzentriert zuhören und durch kurzes Zusammenfassen das Gehörte bestätigen (kann auch als Frage formuliert werden). Diese Rückmeldung hilft, Verständnisprobleme sofort auszuräumen. Der Gesprächspartner hat die Möglichkeit, selbst Lösungen zu finden, weil nicht sofort eine Antwort erwidert wird.
- Fragen stellen – Details erfragen, das Thema/Problem konkretisieren, nach Empfindungen fragen, nach Lösungsvorschlägen fragen
- Ich-Botschaften senden: „Ich habe das Gefühl, dass ...", „Ich spüre, dass es Ihnen dabei nicht gut geht."
- Zusammenfassen und abschließen – das Besprochene noch einmal kurz wiederholen, die Ziele festlegen und ggf. einen neuen Termin verabreden

Um zu erfahren, was der oder die Gesprächspartner mitteilen möchten, ist es wichtig, gut zuhören zu können. Dabei geht es nicht nur darum, zu hören im Sinne der Aufnahme akustischer Signale. Vielmehr ist es sinnvoll, aktiv zuzuhören. Das bedeutet, teilnehmend zuzuhören, indem man hin und wieder signalisiert, dass man dem Gespräch noch folgt (nicken, „ja", hm"). Außerdem fasst man, sobald der Gesprächspartner fertig ist, das Gehörte kurz zusammen und wiederholt es damit. So ist es möglich, sofort falsche Eindrücke richtigzustellen.

Beispiel:
Mutter: „Benjamin kommt ja immer erst um 18 Uhr nach Hause, dann essen wir und eigentlich könnten wir etwas Zeit zusammen verbringen. Aber er muss immer noch so viel für die Schule machen, lernen, lesen und oft auch noch Hausaufgaben. Ich finde, es ist zu viel und ... ach, wissen Sie, ich verstehe nicht, warum er nicht hier im Hort fertig wird."
Erzieherin: „Benjamin muss abends immer noch Schularbeiten machen und Sie fragen sich, warum er nicht schon alles im Hort erledigt."
Hat die Mutter, wie hier im Beispiel, schon eine konkrete Frage, lässt sich diese beantworten.

Manchmal wird aber gar nicht so recht deutlich, worauf der Gesprächspartner hinauswill. Hier ist es sinnvoll, die vermutete Frage zu formulieren oder aber selbst danach zu fragen.

Beispiel:
Die Mutter sagt den letzten Satz (s. o.) nicht – stellt also nicht diese indirekte Frage.
Erzieherin: „Benjamin muss abends häufig Schularbeiten machen, was Sie als zu viel empfinden. Was möchten Sie ändern?"
oder: „Wie kann ich Sie unterstützen?"
„Was wünschen Sie sich?"

Das sogenannte Vier-Ohren-Modell nach Friedemann Schulz von Thun besagt, dass jede Nachricht folgende vier Seiten hat:

- „Sachinhalt
- Selbstoffenbarung
- Beziehung
- Appell"[16]

Diese vier Seiten kann man auf jede Aussage anwenden. Hier einige Beispiele:

Beispiel 1:
Mutter holt Lisa ab.
Erzieherin: „Lisa hat heute keine Hausaufgaben gemacht."

Sachinhalt:
Sie hat keine Hausaufgaben gemacht. Das Heft ist leer.

Selbstoffenbarung:
Ich finde diese Information wichtig, du musst darüber Bescheid wissen.

Beziehung:
Bei einer guten Beziehung: Rate mal, was dahintersteckt? Wir nehmen dich auf den Arm! (Lisa hatte nichts auf.)
Bei einer neutralen Beziehung: Ich informiere dich über die Hausaufgaben (weil ich es täglich tue …).
Bei einer angespannten Beziehung: Lisa durfte heute keine Hausaufgaben machen (weil sie sich geweigert hat).

Appell:
Kümmere dich darum, frage nach, warum sie keine Hausaufgaben gemacht hat.

Es wird hier ganz deutlich, wie viele Interpretationsmöglichkeiten es für diesen einen Satz gibt. Eine wichtige Rolle spielen in diesem Zusammenhang auch Tonfall und Mimik. Lächelt die Erzieherin, lacht vielleicht sogar? Oder schaut sie streng, kann kaum den Blick halten, weil sie offenbar wütend ist? Wie klingt sie? Lustig, fröhlich, herzlich oder streng, zornig, genervt?
Auch die momentane Stimmung der Mutter spielt eine Rolle. Wie geht es ihr im Moment, wenn sie die Nachricht hört? Und was ist vorher passiert, wie oft gab es solche Momente …?
Auch andere Kommunikationswissenschaftler erwähnen immer wieder eine Sachebene und eine Beziehungsebene. Denken wir an vergangene Gespräche, wird uns schnell bewusst, wie oft wir beides vermischen. Gerade im privaten Bereich entstehen dadurch häufig Streitigkeiten, die gar nicht nötig wären.

Beispiel 2:
Tom sagt zu seiner Freundin Lily: „Du hast schon wieder den Honig nicht richtig zugeschraubt!" Lily fühlt sich sofort angegriffen. Sie interpretiert, dass immer sie schuld ist, wenn der Honig offen steht, obwohl Tom ja selbst oft etwas vergisst. Das findet sie ungerecht. Sie ist ärgerlich, verletzt, genervt und antwortet: „Keine Ahnung, aber du hast vorhin wieder den Klodeckel offen gelassen."
Hier verschwimmen die Sachinformationen mit den Informationen über Befindlichkeiten bzw. die Beziehung zueinander. Das kann in einem sachlichen, fachlichen Gespräch zwischen Eltern und Erzieherinnen schnell problematisch werden und zu Konflikten führen. Es ist demnach besonders wichtig, immer wieder nachzufragen (zu spiegeln), sich zu vergewissern, ob man das Gegenüber richtig verstanden hat. Außerdem muss die eigene Haltung zur Person überprüft und immer darauf geachtet werden, dass man sich sachlich ausdrückt und Gefühle weglässt.

[16] Schulz von Thun 2010, S. 15.

Regelmäßige Entwicklungsgespräche

Entwicklungsgespräche wie in Krippe und Kindergarten sind in vielen Horten und Ganztagsbetreuungen nicht üblich, jedoch sinnvoll. Wenn Sie mit Portfolios arbeiten bzw. regelmäßig Beobachtungen durchführen, werden Sie die Eltern über den aktuellen Entwicklungsstand ihres Kindes informieren wollen. Es ist sinnvoll, solche Gespräche dann regelmäßig durchzuführen, meist einmal im Jahr. Da Eltern ja auch zu Lehrergesprächen gehen werden, können Sie sich absprechen, sodass die Eltern einen Termin für beide Gespräche erhalten, wenn z. B. am Elternsprechtag der Schule auch der Sprechtag im Hort/Ganztag stattfindet. Wenn möglich, kann es sinnvoll sein, das Gespräch gemeinsam mit der zuständigen Klassenlehrkraft stattfinden zu lassen. So wird die Entwicklung des Kindes im gesamten Schulalltag besprochen.

Bei einem Entwicklungsgespräch steht das **Kind im Mittelpunkt des Interesses**. Die pädagogische Fachkraft berichtet von ihren Beobachtungen und erläutert, wie sie das Kind wahrgenommen hat. Ebenso erzählen die Eltern von ihren Eindrücken und so kann ein Abgleich der Eindrücke stattfinden. Daraus geht hervor, in welchen Bereichen das Kind ggf. noch Unterstützung braucht und welche Bereiche bei ihm gut entwickelt sind. Wenn die Kinder die Grundschule besuchen, sind sie bereits alt genug, um sich über ihre Entwicklung, ihre Kompetenzen, Fähigkeiten und auch ihre Schwierigkeiten beim Lernen oder Spielen Gedanken zu machen. Sie sind fähig, sich darüber auszutauschen, je nach Alter und Entwicklung gelingt ihnen das besser oder es fällt ihnen noch etwas schwerer. Auf jeden Fall sollten die Kinder in die Gespräche mit einbezogen werden. So wird nicht über das Kind, sondern mit ihm gesprochen. Dabei müssen die Erwachsenen besonders auf ihre Haltung und Sprache achten, denn das Kind soll nicht verunsichert werden. Es gilt stets, sich positiv auszudrücken und Wertschätzung zu zeigen. Das Kind ist in Ordnung, so wie es ist.

Vielleicht fühlt sich ein Kind überfordert mit einem solchen Gespräch und möchte gar nicht teilnehmen. Dann darf es sich auch zurückziehen. Stellen Sie ihm jedoch frei, auszuprobieren, wie es sich anfühlt, am Gespräch teilzunehmen.

Damit das Entwicklungsgespräch einen **guten und lockeren Einstieg** findet, können Sie bzw. das Kind zunächst Portfolioeinträge, Fotos oder andere Werke zeigen und darüber sprechen. Das Kind kann erzählen, was es bereits erlebt hat, was ihm in der letzten Zeit besonders in Erinnerung geblieben ist oder wozu es sich äußern will. Falls bei einem letzten Gespräch eine Vereinbarung getroffen wurde, welche Ziele das Kind, die Eltern und Sie anstreben, sollten diese überprüft werden. Welche Teile der Vereinbarung konnten erfüllt werden, welche nicht und warum?

Bereiten Sie sich stets auf diese Gespräche vor, indem Sie Ihre Beobachtungen und sonstige Aufzeichnungen lesen und überprüfen. Außerdem ist es meist sinnvoll, mit dem oder den Kollegen abzuklären, welche Punkte besprochen werden sollen. Sorgen Sie dann für eine ruhige, ungestörte Atmosphäre, damit sich die Eltern und das Kind wohlfühlen und entspannt sprechen können.

Beenden Sie das Entwicklungsgespräch stets mit einer kurzen Zusammenfassung und einem Ausblick auf das nächste Gespräch bzw. die nächste Zeit in der Einrichtung. Lassen Sie ggf. ein Protokoll, das Sie mitgeschrieben haben, von den Eltern unterzeichnen. Haben Sie Vereinbarungen getroffen, weisen Sie noch einmal darauf hin. Wenn möglich, verabreden Sie gleich den nächsten Gesprächstermin.

© wildworx – Fotolia.com

Gesprächsprotokoll

Für alle Gespräche, die länger und intensiver als ein Tür-und-Angel-Gespräch sind, ist es sinnvoll, ein Protokoll anzufertigen. Dies kann im Anschluss aus dem Gedächtnis geschehen oder aber während des Gesprächs, möglichst durch eine Beisitzerin. Wichtig sind jeweils die Eckdaten: Anwesende, Datum, Uhrzeit und schließlich die besprochenen Fakten. Es schadet nicht, auf einem extra Papier persönliche Eindrücke zu notieren, wie z. B. „Frau Huber war sehr aufgeregt, sprach hastig und wirkte gestresst." Besonders wenn es um Problemgespräche geht, ist solch eine Notiz im Nachhinein manchmal wichtig. Vielleicht kann sich Frau Huber später nämlich gar nicht mehr so richtig an das Gespräch erinnern und leugnet, die Vereinbarungen getroffen zu haben. Die Notiz ermöglicht Rückschlüsse darauf, dass die Mutter vielleicht gar nicht ganz bei der Sache war.

Tür-und-Angel-Gespräche

Wenn Eltern ihr Kind abholen, in den Ferien auch bringen, gibt es oft mehr als nur ein paar Begrüßungsworte. Da fliegen Informationen hin und her, die zwar nebensächlich klingen, jedoch oft wichtig für den Alltag und den Ablauf sind. Manchmal aber haben Eltern mehr auf dem Herzen, wollen es sofort loswerden und nötigen die Erzieherinnen zu einem intensiven Gespräch. Obwohl das Kind vielleicht schon angezogen danebensteht und zappelt oder aber die Erzieherin gerade mit fünf Kindern Karten spielt. Hier gilt es, konsequent zu äußern, dass für solch ein Gespräch gerade kein Raum und keine Zeit ist. Können Sie die Zeit erübrigen, bitten Sie die Mutter oder den Vater ins Büro, um in Ruhe zu sprechen. Das Kind kann währenddessen noch etwas spielen. Dies sollte jedoch die Ausnahme sein, wenn tatsächlich akut etwas zu besprechen ist. Meist reicht es, die Eltern in Ruhe zu vertrösten und direkt einen **Gesprächstermin** zu vereinbaren.

Folgende Regeln können Sie für Ihr Team aufstellen:

- Tür-und-Angel-Gespräche halten wir stets kurz.
- Wir sprechen nicht über ein Kind/einen Erwachsenen, sondern stets mit ihm.
- Wir geben den Eltern die Möglichkeit, Informationen in den Bring- und Abholsituationen mitzuteilen oder abzufragen.
- Wir behalten stets eine wertschätzende und achtsame Haltung bei.
- Erkennen wir Bedarf für Einzelgespräche, wie z. B. Entwicklungs- oder Konfliktgespräche, vereinbaren wir einen Termin.

Eltern informieren

Wer sich für eine Einrichtung interessiert und Informationen einholen will, wird vermutlich bei Ihnen anrufen oder vorbeikommen, um das Gespräch zu suchen. Diese direkte Form der Kommunikation ist immer dann sinnvoll, wenn es um schnellen Austausch geht. Alle Informationen, die nachhaltig, also z. B. auch später abrufbar oder nachweisbar sein sollen, sind besser in einem Brief aufgehoben oder werden auf die Webseite der Einrichtung gestellt.

Die Konzeption der Einrichtung

Bevor sich die Eltern entscheiden, ihr Kind bei Ihnen anzumelden, lesen sie im besten Fall die Konzeption Ihrer Einrichtung durch, um sich über die **pädagogischen Inhalte** zu informieren. Dafür sollte diese auf der Webseite zu lesen bzw. abzurufen sein. Es reicht auch, eine Kurzform auf die Webseite zu stellen und zusätzlich die gesamte Konzeption als Download anzubieten. Wichtig ist, dass sie immer aktuell ist und tatsächlich aussagt, was Ihre Einrichtung darstellt und umsetzt.
Laut §22a SGB VIII ist jede sozialpädagogische Einrichtung verpflichtet, eine Konzeption zu erstellen und den Eltern zur Verfügung zu stellen. Diese können sich daran orientieren, Leitlinien erfahren und die Qualitätsstandards überprüfen.

„(1) Die Träger der öffentlichen Jugendhilfe sollen die Qualität der Förderung in ihren Einrichtungen durch geeignete Maßnahmen sicherstellen und weiterentwickeln. Dazu gehören die Entwicklung und der Einsatz einer pädagogischen Konzeption als Grundlage für die Erfüllung des Förderungsauftrags sowie der Einsatz von Instrumenten und Verfahren zur Evaluation der Arbeit in den Einrichtungen."
Um die Konzeption zu erstellen oder zu überarbeiten, muss sich das Team zunächst überlegen, wie es arbeitet, was das Leitbild der Einrichtung ist und welche Werte vermittelt werden sollen. Dafür ist es notwendig, auch den Träger hinzuzuziehen, der ja selbst vermutlich ein Leitbild für sich entworfen hat, das die Einrichtung umsetzen soll. Außerdem ist es möglich und sinnvoll, die **Eltern mit einzubeziehen**. Natürlich können nicht alle Eltern mitwirken, denn dann würde es zu lange dauern, sich auf konkrete Formulierungen zu einigen. Bilden Sie einen Arbeitskreis aus Eltern, Teammitgliedern und evtl. jemandem aus der Trägerschaft. Sammeln Sie Informationen, Ideen und Möglichkeiten, um die Konzeption aktuell und authentisch zu halten.

Leitfaden: Schritte zur Konzeption

1. Sammeln Sie Ideen, was die neue Konzeption beinhalten soll, und verschaffen Sie sich eine Übersicht über die einzelnen Punkte. Wollen Sie die bereits bestehende Konzeption überarbeiten, evaluieren Sie, welche Punkte umgesetzt wurden, welche Punkte überflüssig sind und welche nun neu hinzukommen müssen.
2. Lesen Sie Konzeptionen und Leitbilder anderer Einrichtungen, um zu sehen, was möglich ist. Suchen Sie sich Beispiele als Vorbilder für Ihre eigene Konzeption.
3. Sortieren Sie die Ideen, um einen Überblick zu bekommen. Entscheiden Sie dann erst, welche Punkte Sie tatsächlich in die Konzeption aufnehmen möchten.
4. Behalten Sie stets den roten Faden im Auge. Formulieren Sie den Schwerpunkt Ihrer Arbeit und das Anliegen der Einrichtung und achten Sie darauf, alle Punkte daran auszurichten.
5. Schreiben Sie die Konzeption auf. Verwenden Sie dafür ein Textverarbeitungsprogramm, das Ihnen die Möglichkeit gibt, Schriftarten zu verändern und Bilder einzufügen.
6. Strukturieren Sie die Konzeption und legen Sie eine Gliederung als Inhaltsverzeichnis an.
7. Formulieren Sie an den Leser gerichtet in aktiven und klaren Sätzen.
8. Bitten Sie mehrere Teamkolleginnen und Eltern, die fertige Konzeption zu lesen und zu korrigieren. Überarbeiten Sie den Text und lesen Sie ihn erneut. Streichen Sie alles, was überflüssig ist. Lassen Sie die Konzeption unbedingt vom Träger und/oder der Schule lesen und abzeichnen. Eventuelle Änderungswünsche setzen Sie um.
9. Kürzen Sie die Konzeption für einen Flyer oder die Kita-Homepage.
10. Gestalten Sie die Konzeption ansprechend mit Bildern, Fotos und farbigen Textabschnitten.[17] Bitte beachten Sie dabei, von allen notwendigen Stellen das Einverständnis zur Veröffentlichung von Bildern einzuholen.

Was eine Konzeption enthalten soll, ist nicht konkret vorgeschrieben. Es gibt jedoch gewisse Eckdaten, die vorkommen sollen. Sinnvoll ist es, sich möglichst viele verschiedene Konzeptionen durchzulesen und zu vergleichen.

[17] Vgl. Wagner 2014, S. 78.

Folgende Gliederung kann als Grundlage verwendet werden:

- Vorwort (Was ist eine Konzeption? Wer hat sie erstellt? Welchen Nutzen haben die Eltern davon? …)
- die Einrichtung (Geschichte, Hintergründe, soziales Umfeld, Gruppen, Größe, Personal, Öffnungszeiten, Schließzeiten, Aufnahmeverfahren, Kosten …)
- das Haus (Gebäude, Räume, Garten, Außenanlagen) und andere Räume/Gebäude, die genutzt werden dürfen (Schulturnhalle, Schwimmhalle)
- die pädagogische Arbeit (päd. Ansatz, Leitbild, Arbeitsweise, Schwerpunkte und Ziele, Tagesablauf mit den Punkten Mittagessen, Hausaufgaben, Freizeit …)
- Zusammenarbeit mit der Schule/den Lehrerinnen
- Zusammenarbeit mit den Eltern
- Team
- Öffnung nach außen (Vernetzung und Zusammenarbeit mit anderen Institutionen, Beratungs- und Hilfsangebote …)
- Öffentlichkeitsarbeit (Werbung für die Einrichtung, Bild nach außen …)

Damit interessierte Eltern und andere Leser die Konzeption jederzeit abrufen können, ist es sehr praktisch, sie als PDF zum Download auf die Webseite der Einrichtung zu stellen. Hier müssen Sie sich mit dem Administrator der Webseite absprechen, wenn Sie diese nicht selbst verwalten. Meist sind es nur ein paar Klicks, um einen PDF-Download einzufügen.

Tipp:
Um Ihre Konzeption als Download zur Verfügung zu stellen, soll sie ein PDF-Format erhalten, denn dies ist nicht mehr veränderbar. Klicken Sie dafür in Ihrer Textverarbeitungssoftware auf „Speichern unter" und wählen Sie unter dem Feld für den Dateinamen das Dateiformat/den Dateityp „PDF" aus. Nun erzeugt das Programm eine neue Datei zusätzlich zu Ihrem vorhandenen Dokument. Meist wird es direkt angezeigt.

Das Schwarze Brett

Vermutlich gibt es in jeder Einrichtung von Krippen bis zum Gymnasium eine große Pinnwand im Eingangsbereich, die als Schwarzes Brett dient. Mancherorts sind das auch bereits digitale Boards, die sich ähnlich bestücken lassen. Hier werden alle wichtigen und aktuellen Infos ganz unkompliziert ausgehängt, in der Hoffnung, die Besucherinnen sehen und lesen sie. Ob es sich dabei um eine klassische Pinnwand handelt (z. B. Kork und Pinnnadeln) oder aber eine beschreibbare Magnettafel, ist gleich. Beides hat Vor- und Nachteile. Der große Nachteil von klassischen Pinnwänden ist, dass die Nadeln gern herunterfallen oder auch mal von Kindern entwendet werden. Da kann es schon mal vorkommen, dass jemand darauf tritt. Der Nachteil von Magneten ist, dass sie manchmal nicht stark genug sind und dickere Plakate oder andere schwerere Dinge nicht halten. Aber das lässt sich leicht umgehen, indem man z. B. zusätzlich unten eine Schnur anbringt und hier mit Wäscheklammern z. B. vergessene Kleinigkeiten anhängt. Grundsätzlich aber dient das Schwarze Brett dem Aushang von Informationen in Form von Zetteln.

Ideal ist es, wenn alle Infos immer auf dem gleichen Papier geschrieben werden, am besten natürlich mit dem PC, denn dann ist die Schrift deutlich lesbar. Der Briefkopf mit dem Logo der Einrichtung sollte nicht fehlen. Achten Sie auch darauf, jeweils das Datum und evtl. auch den Verfasser als Ansprechpartner zu notieren. So ist gut zu erkennen, wann die Information veraltet. Generell sollten Sie das Schwarze Brett spätestens alle zwei Wochen „entrümpeln". Bestimmen Sie eine Person des Teams als Verantwortliche, die **regelmäßig kontrolliert**, was am Brett aufgehängt wird und ob die Infos den Regeln der Einrichtung entsprechen. So sollte hier z. B. keine Werbung für Produkte oder Firmen aufgehängt werden. Entscheiden Sie gemeinsam, ob Eltern die Pinnwand selbstständig nutzen dürfen oder ihre Zettel bei Ihnen absegnen lassen müssen.

Sie können das Schwarze Brett aufteilen in „Infos von Eltern für Eltern" und einen Teil mit „Infos der Einrichtung an die Eltern". Bedenken Sie aber immer, dass nicht alle Eltern, manchmal sogar sehr wenige, regelmäßig in die Einrichtung kommen und so die Infos nicht von allen gelesen werden.

Mögliche Informationen für das Schwarze Brett:

- Speiseplan
- Steckbriefe von Praktikantinnen und neuen Kollegen
- Gesucht – Gefunden (z. B. verlorene Jacke, Kette …)
- aktuelle Krankheitsinfos
- Spendenaufrufe zu von bestimmten Dingen
- Aufrufe zur Mitarbeit
- Infos zu externen Veranstaltungen, die für Eltern und Kinder interessant sein könnten (Flohmarkt, Tauschmarkt, kostenlose Lesungen …)

Aushänge, Listen und Aufrufe

Ob sie später am Schwarzen Brett oder an einer Zimmertür hängen, kleine Plakate, Infozettel und andere Aushänge werden im Hort oder Ganztag ständig gebraucht. Wie Plakate müssen auch sie direkt ins Auge springen und sehr übersichtlich gestaltet sein. Sie sollen schließlich schon aus weiterer Entfernung erkannt werden und dazu verleiten, näher zu kommen, um sie zu lesen. Meist werden sie auf DIN-A4-Papier geschrieben und gestaltet, auf Kopierpapier, das sich gut für Drucker eignet. Für die Gestaltung gelten im Prinzip die gleichen Regeln wie bei der Gestaltung von großen Plakaten:

- Bilder sprechen direkter an als Text
- klar und übersichtlich gestalten
- weniger ist mehr (Informationen auf das Wesentliche reduzieren, wenig Text, ein klares Bild, lieber großflächig arbeiten als klein und detailliert)
- sich auf ein bis zwei Schriftarten beschränken und lieber die Größen variieren
- Farben abstimmen (lieber weniger Farben verwenden als zu bunt und unübersichtlich gestalten)

Bedenken Sie, dass die Aushänge zwischen den anderen am Schwarzen Brett oder an der Tür nicht untergehen dürfen. Reduzieren Sie also den Textinhalt auf das Wesentliche! Folgende W-Fragen können Ihnen dabei helfen:

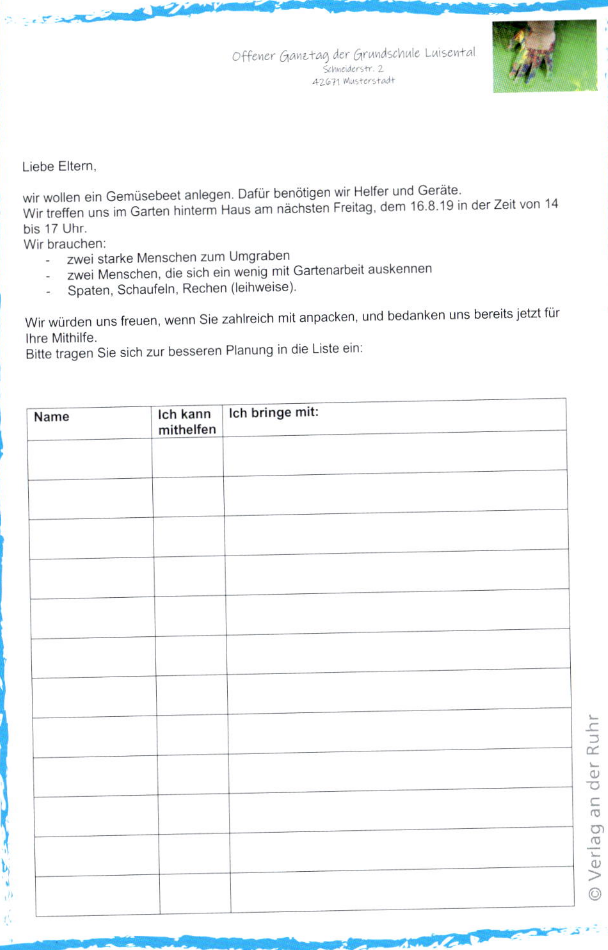

Offener Ganztag der Grundschule Luisental
Schneiderstr. 2
42671 Musterstadt

Liebe Eltern,

wir wollen ein Gemüsebeet anlegen. Dafür benötigen wir Helfer und Geräte.
Wir treffen uns im Garten hinterm Haus am nächsten Freitag, dem 16.8.19 in der Zeit von 14 bis 17 Uhr.
Wir brauchen:

- zwei starke Menschen zum Umgraben
- zwei Menschen, die sich ein wenig mit Gartenarbeit auskennen
- Spaten, Schaufeln, Rechen (leihweise).

Wir würden uns freuen, wenn Sie zahlreich mit anpacken, und bedanken uns bereits jetzt für Ihre Mithilfe.
Bitte tragen Sie sich zur besseren Planung in die Liste ein:

Name	Ich kann mithelfen	Ich bringe mit:

W-Frage	Inhalt	Beispiel
Wer? Wen?	Wen sprechen Sie an, wer ist eingeladen, wem gilt der Aufruf?	*Liebe Eltern,*
Was? Warum?	Anlass des Aushangs, konkrete Information	*wir wollen ein Gemüsebeet anlegen. Dafür benötigen wir Helfer und Geräte.*
Wo?	Wo findet die Aktion statt, wo sollen die Dinge abgegeben werden?	*im Garten hinterm Haus*
Wann?	Wann findet die Aktion statt, bis wann soll etwas abgegeben werden?	*nächste Woche Freitag, 14–17 Uhr*
Wie?	Wie können die Eltern helfen? Wie können sie sich beteiligen?	*Wir brauchen:* • *zwei starke Menschen zum Umgraben* • *zwei Menschen, die sich ein wenig mit Gartenarbeit auskennen* • *Spaten, Schaufeln, Rechen (leihweise)*

Häufig werden **Listen** ausgehängt, die dazu dienen, Hilfe für Aktionen und Feste zu organisieren oder Spenden zu erhalten. Hier müssen Sie keine langen ausführlichen Texte formulieren, es reichen ein paar kurze Sätze zum Anlass des Aufrufes und schließlich eine übersichtliche Liste. Denken Sie daran, einen Stift in Reichweite zu legen oder mit einer Schnur an die Pinnwand zu hängen.

Beispiel:

Adventsfeier am 3.12.2019

Wir benötigen Spenden fürs Büfett

Wir brauchen	Name	Anzahl
5 Stollen	Huber	1
Plätzchen		
1 kg Äpfel	Widmann	1 kg
ca. 6 l Saft		
1 kg Kaffee		
1 kg Zucker		
2 l Milch	Huber	1 l

Suchen Sie Helfer für eine Aktion, sollten Sie auch die genauen Zeiten und Dienste aufschreiben, damit sich die Eltern vorstellen können, worum es genau geht und wie viel Zeit sie einplanen müssen:

Beispiel:

Wir benötigen Ihre Mithilfe!

Wir brauchen	Zeit	Name
Vorbereiten und Herrichten *4 Personen*	15.00–16.00 Uhr	– Müller, – Kapsreiter – –
Kaffee kochen, Küche *2 Personen*	15.30–17.00 Uhr 17.00–18.30 Uhr	– –
Aufräumen, Spülen *4 Personen*	18.15–19.00 Uhr	– Andrea Schmidt – – –

Tipp:
Fertigen Sie alle Aushänge immer im gleichen Design, mit gleicher Schrift und, wenn möglich, auch im gleichen Format an, dann entsteht Übersicht und Sie überladen das Schwarze Brett nicht. Erstellen Sie eine Kopiervorlage für Aushänge mit dem Logo der Einrichtung und am unteren Ende einer Zeile für Name des Verfassers und Datum des Aushangs.

Flyer und Faltblätter

Als Kurzinfo über die Einrichtung zum Verteilen bei einem Tag der offenen Tür oder bei Beteiligung an einer öffentlichen Veranstaltung, wie Straßenfesten und Flohmärkten, eignet sich ein Faltblatt bzw. ein Flyer oder eine Postkarte.

Ideal ist ein DIN-A4-Papier 2-mal gefaltet.

Tipp:
Damit die Druckvorlage passt und Vorder- und Rückseite richtig platziert sind, verwenden Sie ein PC-Programm, wie z. B. Scribus (englisch), oder erstellen Sie den Flyer mit einer Vorlage in Ihrem Textverarbeitungsprogramm.
Um den Text und die Bilder auf den Seiten richtig zu platzieren und zu prüfen, ob der Flyer gut aussieht:

- falten Sie ein Papier wie gewünscht,
- skizzieren und notieren die Texte, schneiden sie aus und platzieren sie auf den Teilen des gefalteten Papiers,
- schieben die Teile hin und her, ergänzen und verwerfen sie, bis alles passt, und
- erstellen dann den Flyer am PC.

Wenn Sie größere Mengen der Faltblätter drucken möchten, ist es sinnvoll, die Daten an einen Copyshop zu schicken. Rufen Sie vorher an, um die Konditionen zu erfragen. Sicher erhalten Sie auch Tipps zum richtigen digitalen Format (also ob es ein .docx, .pdf, .jpg oder anderes sein soll) und welche Programme sich zum Erstellen eignen.

Plakate

Laut Duden ist ein Plakat ein „großformatiges Stück festes Papier mit einem Text [und Bildern], das zum Zwecke der Information, Werbung, politischen Propaganda o. Ä. öffentlich und an gut sichtbaren Stellen befestigt wird."[18]

Dies besagt schon, dass Sie für Ihre Plakate größere Formate benötigen als DIN A4. Ideal sind DIN A2 oder größer, am besten Tonpapier oder sogar Fotokarton. Hier kommt es auf die Technik an, mit der gearbeitet wird. Wollen Sie, z. B. gemeinsam mit den Kindern, Plakate als Unikate bemalen oder besprühen, ist fester Karton besser geeignet als dünnes Papier. Sollen es aber viele bedruckte Plakate werden, reicht dünneres Papier. Folgende Aufstellung soll Ihnen helfen, Plakate ansprechend zu gestalten:

- große Fläche/großes Format
- viel Luft lassen (nicht zu voll packen)
- wenige, stichhaltige Elemente verwenden
- mehr Bilder als Text verwenden
- ein Bild dient als Blickfang
- klares Design, wenig Schmuckelemente
- die Schrift muss fett genug sein, damit man sie von Weitem lesen kann
- Bilder und Schrift auf den Inhalt anpassen.

Um Bilder und Schrift auf den Inhalt anzupassen, überlegen Sie, was Sie aussagen wollen. Soll das Plakat auf das nächste Sommerfest mit dem Motto „Flower-Power" aufmerksam machen, verwenden Sie poppige, große Muster und eine eher runde Schrift. Ist es eine Einladung zum Adventsgottesdienst, verwenden Sie wenige, ruhige Farben (grün, rot, schwarz), eine dezente, gerade Schrift und entsprechende stimmungsvolle Bilder (Tannengrün, Adventskranz …).
Wie Sie die Plakate gestalten, hängt ganz von Ihnen und Ihren Fähigkeiten ab. Sie können Text und Bild am PC erstellen, ausdrucken und aufkleben. Hier haben Sie allerdings das Problem der Größe. Sofern Sie keinen Großdrucker besitzen, müssten Sie die Teile stückeln, was nicht so schön wirkt. Großformatige Ausdrucke sind allerdings relativ teuer, wenn man sie im Copyshop erstellen lässt. Machen Sie doch die Plakate mit den Kindern gemeinsam selbst. Auch Eltern können hier

[18] https://www.duden.de/rechtschreibung/Plakat (letzter Aufruf 22.05.19)

eingebunden werden, vielleicht in einer Art Festkomitee oder Gestaltungs-AG. Die Kinder (und Erwachsenen) können hierbei neue Techniken ausprobieren und üben, sich plakativ auszudrücken.
Folgende Techniken können sie beispielsweise ausprobieren:

- Schablonieren
- Spritzen (Airbrush, Zahnbürste, Sieb, Strohhalm ...)
- Drucken (Siebdruck, Kartoffeldruck, Monotypie ...)
- Collagen
- freies Malen und Zeichnen
- reduziertes Konturieren (nur die Umrisse des Motivs darstellen)

Tipp:
Selbst gestaltete Plakate sind oft richtige Kunstwerke, denn jedes ist ein Unikat. Wenn Sie über die Jahre einige davon aufgehoben haben, können Sie sie an einem Tag der offenen Tür in einer Ausstellung zeigen.

Elternbriefe

Persönliche Gespräche und Briefe sind immer noch die wichtigsten Formen der Kommunikation zwischen Eltern und pädagogischen Fachkräften. Um Elternbriefe informativ und zugleich verständlich zu formulieren, sollten Sie ein wenig üben. Außerdem hilft es, das Team zu bitten, die Übungsbriefe zu lesen und ehrlich zu kritisieren. Wie in der Elternschaft sind auch im Team Leserinnen unterschiedlichen Niveaus vorhanden. Die einen verwenden selbst Fachbegriffe wie ihre Umgangssprache und empfinden lange Schachtelsätze als selbstverständlich. Andere sind weniger lesegeübt bzw. empfinden kurze Sätze in relativ einfacher Sprache als verständlicher. Überlegen Sie also gut, für wen Sie die Briefe schreiben, und formulieren Sie entsprechend. Wenn es schnell gehen soll, schreiben viele Erzieher Briefe an Eltern noch per Hand und kopieren sie. Doch meistens verwenden sie einen PC, damit die Schrift gut lesbar ist. Außerdem sollte man sich auch die Zeit nehmen (können), einen Brief in Ruhe zu schreiben. Denn es ist wichtig, sich gut zu überlegen, **was man schreibt** und **wie man es formuliert**. Am PC können Sie die Briefe direkt in eine Formatvorlage mit dem Briefkopf der Einrichtung tippen und abspeichern, sodass sie für andere Teammitglieder abrufbar sind.

© zinkevych – Fotolia.com

Auch wenn Sie nicht gern schreiben, Briefe an Eltern sind wichtig. Dabei spielt es grundsätzlich keine Rolle, ob die Briefe per Mail, per Post oder über die Kinder weitergereicht werden. Mails sollten entsprechend einfach und kurz sein, damit man sie sowohl am PC als auch am Smartphone schnell lesen kann. Grundsätzlich gilt:

- kurz und prägnant ist besser als ausführlich und abschweifend
- einfach und deutlich formulieren
- lieber kurze Hauptsätze und wenig Nebensätze verwenden
- den Text in sinnvolle Absätze gliedern
- gut lesbare, nicht zu kleine Schrift wählen bzw. deutlich, möglichst in Druckbuchstaben schreiben
- evtl. die Briefe in mehrere Sprachen übersetzen lassen
- immer das Logo/den Briefkopf der Einrichtung verwenden (ideal ist eine Vorlage im Textverarbeitungsprogramm, die dafür direkt angeklickt werden kann).

Denken Sie beim Schreiben immer daran, höflich, aber auch konkret zu bleiben. Je nachdem, worum es im Brief geht, müssen sie evtl. sehr sachlich schreiben oder dürfen sogar recht humorvoll formulieren. Überlegen Sie stets, wie es Ihnen selbst geht, wenn Sie einen Brief lesen. Meist erschreckt es, wenn viel Text, eng und dicht gedrängt, auf einem Papier steht. Daher sollten Sie Ihren Text lieber knapp halten und viele Absätze machen, um den Lesefluss zu erleichtern und optisch etwas Platz zu schaffen.

Tipp:
Lesen Sie sich den Brief laut vor, um besser beurteilen zu können, ob alle Formulierungen treffend sind und der Text insgesamt verständlich ist. Beim Vorlesen spüren Sie außerdem übersehene Fehler auf und bemerken fehlende Satzzeichen.

Wenn es wichtig ist, eine Rückmeldung auf einen Brief zu bekommen, müssen Sie einen Abschnitt, einen sogenannten **Rücklaufzettel** anhängen. Hat Ihr Brief eine Vorder- und Rückseite, sollte der Abschnitt so platziert sein, dass der wichtige Inhalt des Briefes den Eltern erhalten bleibt. Schreiben Sie z. B. einen Brief mit den wichtigen Infos zur nächsten Hortferienfahrt, sollte die Packliste nicht direkt auf der Rückseite des Abschnitts stehen, denn dann fehlt sie den Eltern und Kindern später. Lieber lassen Sie das kleine Stück des Abschnitts auf der Rückseite frei. Es bietet sich also an, den Abschnitt immer am Ende des Briefes zu platzieren. Denken Sie daran, die Abgabefrist für den Abschnitt über die Trennlinie zu schreiben!

© Monkey Business – Fotolia.com

Beispiel-Abschnitt:

Bitte diesen Abschnitt bis 13.03.19 abgeben!

Name des Kindes ....

Bitte kreuzen Sie an, was zutrifft, und unterschreiben Sie den Abschnitt.
O Ich habe den 3. Elternbrief zur Kenntnis genommen
O Ich werde zum Elternabend am 04.04. um 19 Uhr kommen.
Es begleitet mich ....

O Ich kann leider nicht zum Elternabend kommen.

Datum .... *Unterschrift* ....

Damit Sie und die Eltern einen Überblick behalten, wie viele und welche Briefe sie im laufenden Jahr erhalten, sollten Sie diese **durchnummerieren**. Schreiben Sie z.B. 4-mal im Jahr einen Brief an alle Eltern, der wichtige Informationen und auch Einladungen enthält, nummerieren Sie die Briefe von eins bis vier durch. Das Jahr dazuzuschreiben, ist sinnvoll, wenn die Eltern den Brief archivieren wollen, also z.B. „Elternbrief 1/19". Sie können auch „1. Elternbrief 2019" schreiben. Briefe, die außer der Reihe ausgeteilt werden, wie z.B. eine Einladung zum Spielenachmittag, werden in die Nummerierung nicht einbezogen.

Elternbriefe 2019:

1/19:	Programmübersicht 2. Halbjahr
2/19:	Infos zu neuen AGs
3/19:	Gartenaktion
4/19:	Osterbasteln
5/19:	
6/19:	
7/19:	

1. Lockern Sie sich und gehen Sie mit Freude positiv ans Werk. So schenken Sie jedem Brief die Aufmerksamkeit und Wertschätzung, die er verdient.

2. Um den Inhalt des Briefes festzulegen, stellen Sie W-Fragen:
   - **Wer** erhält den Brief? **Wen** wollen Sie damit erreichen?
   - **Worum** geht es? **Welches** Ziel verfolgen Sie mit dem Brief?
   - **Was findet statt? Was ist der Anlass der Mitteilung?**
   - **Wie** findet es statt?
   - **Wo** findet es statt?
   - **Warum** findet es statt?
   - **Weitere? Was** gibt es noch zu wissen?

3. Beantworten Sie die Fragen und setzen Sie die Sätze sinnvoll zusammen. Versuchen Sie, nur das Wichtigste zu schreiben.

4. Achten Sie darauf, klar und ohne Ausschmückungen zu schreiben, sodass Ihre Informationen gut lesbar und verständlich sind.

5. Benötigen Sie eine Rückmeldung der Eltern, fügen Sie einen Rücklauf-Abschnitt am Ende des Briefes ein.

6. Gestalten Sie Ihren Brief optisch ansprechend.
   - Nutzen Sie nur eine Schriftart.
   - Schreiben Sie die Überschrift größer und evtl. farbig.
   - Markieren Sie wichtige Aussagen fett oder kursiv.
   - Trennen Sie Abschnitte durch eine Leerzeile.

7. Vergessen Sie nicht das Logo Ihres Hortes/Ganztags, die Kontaktdaten und die Signatur.

E-Mails

Statt Briefe über die Kinder an die Eltern zu verteilen oder zu hoffen, dass die Info-Aushänge und die Webseite gelesen werden, können Sie E-Mails verschicken. Um alle Eltern zu erreichen, ist es nötig, schon bei deren Eintritt in die Einrichtung eine **schriftliche Erlaubnis** und die Mailadresse zu bekommen. Falls tatsächlich jemand keine Mailadresse hat, notieren Sie sich dies, damit auch diese Familie alle Informationen erhält – in diesem Falle drucken Sie die Mail aus und geben sie dem Kind mit.

Nutzen Sie die E-Mails für:

- sporadische, persönliche Nachrichten an einzelne Personen (z. B. für Terminabsprachen)
- regelmäßige Info-Rundmails (z. B. jeden Montag Informationen für die kommende Woche)
- wichtige Informationen, die alle betreffen (z. B. vierteljährliche Terminübersicht, Personaländerungen)

Richten Sie Verteiler ein. Das sind Sammlungen von Adressen. Mithilfe des **Verteilers** können Sie eine Mail gleichzeitig an viele Adressaten schicken. Geben Sie den Verteilern aussagekräftige Namen, damit alle Teammitglieder darauf zugreifen können, z. B. Eltern-Gruppe 1, Team-Lehrer-Eltern-Gruppe etc.
Um den **Datenschutz** zu wahren, sollten Sie die Mailadressen immer als BCC verschicken (BCC = Blind Carbon Copy, auf Deutsch: Blindkopie). So bleiben die Adressen für die Empfänger unsichtbar und damit anonym. Wenn Eltern selbst an alle anderen mailen möchten, dürfen Sie die Adressen ohne schriftliche Erlaubnis aller nicht weitergeben. Sie können aber die Nachricht selbst weitersenden.

Tipp:
Wie man Verteiler im Microsoft Programm Outlook einrichtet, kann man auf der Support-Seite der Firma unter dem Stichwort „Verteiler" oder in englisch „distribution-list" nachlesen.

Newsletter

Statt wöchentlicher Infomail und monatlichen Rundbriefen können Sie auch einen Newsletter etablieren. Der Unterschied besteht darin, dass Sie nicht aussuchen, an wen Sie die Mails oder Briefe verschicken, sondern die Eltern selbst entscheiden, ob sie die Nachrichten erhalten möchten. Dafür gibt es bei den meisten Webseiten ein Tool, das Sie aktivieren können. Auch unabhängig von Webseiten können Sie Newsletter z. B. als „RSS-Feed" erstellen und versenden. Wenn Sie Informationen schreiben und als Newsletter deklarieren, werden sie automatisch an alle Abonnenten verschickt. Dies funktioniert übrigens auch mit Blogbeiträgen. Diese können mithilfe eines Tools der Webseite so eingestellt werden, dass Leser sie direkt abonnieren. Sie erhalten dann immer, wenn Ihr neuer Beitrag veröffentlicht wird, eine Nachricht bzw. direkt den Beitrag per Mail.
Infos über den RSS-Feed finden Sie z. B. bei Wikipedia. Beachten Sie jedoch, dass ein Newsletter nicht von allen Eltern gleichermaßen abonniert und gelesen wird. So ist es anzunehmen, dass wichtige Nachrichten und Meldungen bei einigen Familien nicht ankommen.

Achtung:
Newsletter dürfen nicht willkürlich verschickt werden. Auch sie unterliegen dem **Datenschutzgesetz**. Sie benötigen eine Einwilligung der Adressaten über den Empfang des Newsletters sowie über das (vorübergehende) Speichern von Daten zum Zwecke des Versendens des Newsletters. Achten Sie sehr genau darauf, die Daten zu löschen, sobald sich jemand von der Einrichtung abmeldet bzw. den Newsletter abbestellt.

Tipp:
Wichtige rechtliche Informationen zum Thema „Newsletter" und wie man sie rechtsicher versendet, gibt es z. B. auf der Webseite von e-recht24.

Falls Sie sich entscheiden, einen Newsletter für regelmäßige Informationen an die Eltern zu nutzen, denken Sie daran, auch hier das Logo der Einrichtung, eine immer wiederkehrende Kopfzeile und Signatur zu verwenden.

Messengerdienste

Es ist noch gar nicht so lange her, da staunte man noch über das mobile Telefonieren. Heute halten wir Smartphones in den Händen, die uns wie kleine Computer ständige Kommunikation mit Menschen weltweit ermöglichen. SMS zu schreiben, ist heute schon kaum mehr interessant, da sie über das Telefonnetz gesendet werden und nicht so unmittelbar und direkt sind wie andere Nachrichtendienste. Das Internet ermöglicht, Nachrichten nicht nur zu verschicken, sondern direkt zu sehen, ob sie angekommen sind, teilweise sogar, ob sie gelesen wurden. Kein langes Warten mehr, kein Hoffen, dass der andere nun Bescheid weiß. Alles passiert schnell und direkt. Auch für pädagogische Fachkräfte, die Eltern Informationen zukommen lassen möchten, ist ein Messengerdienst praktisch. Einzelne Eltern, aber auch ganze Gruppen können **schnell erreicht** werden. Wichtig ist natürlich, dass auch hier alle Eltern beteiligt sind. D. h., es ist zu prüfen, welcher Messengerdienst genutzt werden kann und ob tatsächlich in jeder Familie jemand den Dienst auf seinem Smartphone installiert hat. Meist ist es WhatsApp, manchmal aber Threema, Telegram oder der Facebook-Messenger.
Der Vorteil der Messengerdienste liegt auf der Hand: Wie oben beschrieben, lassen sich Nachrichten sehr schnell verbreiten. Der Nachteil ist, dass manche Leute den Dienst für ihre Zwecke oder aber aus Langeweile missbrauchen können und ständig Bilder, Texte und Videos verschicken. In solchen Fällen sieht bald niemand mehr nach, ob eine wichtige Nachricht gekommen ist. Außerdem sollten pädagogische Fachkräfte während ihrer Dienstzeit das Handy gar nicht benutzen. Auch den meisten Eltern wird es so ergehen. So werden Nachrichten tagsüber vielleicht gar nicht so unmittelbar gelesen, wie es die Messengerdienste ermöglichen. Denken Sie daran, dass auch hier der Datenschutz eingehalten werden muss. Sorgen Sie also dafür, dass alle Eltern ihr **Einverständnis** erteilen, ihre Telefonnummer an alle anderen Eltern und das pädagogische Personal weiterzugeben!

Tipp:
Wenn Sie beim ersten Elternabend oder bei der Anmeldung Kontaktdaten abfragen und per Unterschrift die Erlaubnis zur Weitergabe an Eltern einholen, fragen Sie auch nach einem Messengerdienst und der bevorzugten Kontaktmöglichkeit. Eltern, die nicht in einer WhatsApp-Gruppe sind, müssen dann per Mail, Telefon, Brief oder persönlich beim Abholen informiert werden.

Wenn Sie und die Eltern Wert auf mehr **Sicherheit** beim Übertragen der Nachrichten und Schutz der Daten legen, sollten Sie einen Messengerdienst aus Deutschland oder zumindest Europa wählen, da hier die Datenschutzgesetze anders, und zwar meist strenger sind als in den USA.
Es gibt sogar mittlerweile spezielle Messengerdienste, die auf Kitas und Schulen ausgerichtet sind. Der deutsche Dienst „Hoccer" und der Schweizer Dienst „Threema" funktionieren im Prinzip wie WhatsApp, sind aber unabhängig, entsprechen dem deutschen bzw. dem EU-Recht und die Datenserver dieser Dienste liegen in Europa.
Stimmen Sie die Nutzung von Messengerdiensten unbedingt mit dem Einrichtungsträger ab, da es sein kann, dass gewisse Dienste von Trägern, aufgrund der unsicheren Datenlage verboten sind.

Soziale Medien

Facebook, Twitter, Instagram und einige von Erwachsenen weniger verwendete Dienste sind heute aus dem Alltag nicht mehr wegzudenken. Ob man sie allerdings auch beruflich nutzen sollte, hängt sehr davon ab, was man damit konkret machen will. Ein Facebook-Auftritt lohnt sich z. B. für eine Elterninitiative bzw. einen privaten Träger, um Werbung für sich zu machen. Da die meisten Horte und Träger der Betreuung im offenen Ganztag aber keine Werbung für sich nötig haben, ist es wenig sinnvoll, einen Facebook-Auftritt zu erstellen. Praktisch ist, dass viele Eltern täglich bei Facebook sind und so unkompliziert an Informationen der Einrichtung kommen könnten. Allerdings haben nicht alle Eltern einen Zugang zu Facebook, sodass sie sich ausgeschlossen fühlen könnten oder schlichtweg die Infos nicht erhalten.
Das gilt genauso für Twitter und Instagram. Twitter ist ein praktischer Dienst, um Kurznachrichten zu senden. Es ist fraglich, ob eine Ganztagseinrichtung Nachrichten in die Öffentlichkeit stellen muss. Daher erscheint es relativ sinnlos, Twitter zu nutzen.
Bilder statt Texte sind Schwerpunkt bei Instagram. Ähnlich wie ein Blog können hier mehr oder weniger regelmäßig kurze Statements und vor allem schöne Fotos oder auch kurze Videos (Stories) gepostet werden. Durch #-Verlinkungen werden Beiträge anderen zugeordnet und erreichen so eine größere Aufmerksamkeit. Instagram könnte sich gut eignen, um Einblicke in die Einrichtung zu gewähren. Um dies nicht ganz öffentlich zu tun, kann das Profil als privat eingestellt sein, was zur Folge hat, dass Interessierte (Abonnenten) erst akzeptiert und freigeschaltet werden müssen, bevor sie die Einträge sehen können.
Gerade in den sozialen Medien ist der Datenschutz häufig ein Problem. Schnell wird vergessen, dass ein Foto aus der Einrichtung evtl. zu tiefe Einblicke gewährt, doch bis man es merkt, ist das Bild schon zigmal weiterverlinkt worden. Immer wieder kann man z. B. Bilder sehen, die Garderoben zeigen, auf denen Fotos der Kinder zu sehen sind oder Portfolioordner mit Fotos und Namen. Und es gibt tatsächlich immer noch häufig Bilder im Netz, auf denen Kinder von Einrichtungen zu sehen und deutlich zu erkennen sind, manchmal werden sogar die Namen dazugeschrieben. Hier werden die **Persönlichkeitsrechte** der Kinder verletzt.
Zusammengefasst lässt sich sagen, dass soziale Medien, wie Facebook und Twitter, sich gut als Werbung für die Einrichtung eignen, nicht aber um Eltern über wichtige Inhalte zu informieren und sich auszutauschen.

Webseite

Eine ansprechende und übersichtlich gestaltete Webseite gehört heute zur Öffentlichkeitsarbeit jeder Einrichtung. Häufig werden die Seiten vom Träger in Auftrag gegeben, sodass alle zugehörigen Einrichtungen ein einheitliches Auftreten im Netz haben. Manche Kitas und Horte erstellen und bearbeiten ihre Webseiten selbst, ggf. unter Mithilfe von Eltern oder außenstehenden Fachleuten.
Insbesondere vom Träger arrangierte Internetauftritte sind oft eher statisch, d. h., sie werden ins Netz gestellt und erst verändert, wenn z. B. das Personal wechselt. Doch ist es sinnvoll, sie stets auf dem **aktuellen Stand** zu halten und vor allem für aktuelle Infos zu nutzen. Richten Sie also einen Blog ein oder eine Rubrik „Aktuelles" sowie „Termine". Außerdem ist die Kontaktseite besonders wichtig. Hier sollten auch Zeiten stehen, in denen Anrufe möglich sind (Sprechzeiten, Bürozeiten).

Sehen Sie sich im Internet Webseiten von verschiedenen Einrichtungen an und notieren Sie sich, was Ihnen gut gefällt, was Sie als sinnvoll erachten und praktisch finden. Machen Sie Screenshots davon, wenn Sie das Erstellen der Webseite an jemanden abgeben, so können Sie direkt zeigen, was Sie meinen.
Folgende Seiten eines Webauftrittes sind sinnvoll:

Statische Seiten – werden nur bearbeitet, wenn sich Inhalte ändern, z. B. halbjährlich:

- Tagesablauf (Mittagessen, Hausaufgaben, Freizeit)
- Haus, Räume, Garten
- Personal, Team
- Konzeption (evtl. Kurzform)
- Öffnungs- und Schließzeiten
- Kontakt, Bürozeiten
- Galerie
- Kosten, Beiträge
- Aufnahmebedingungen, Anträge

Dynamische, bewegliche Seiten – müssen ständig auf den neuesten Stand gebracht werden:

- Blog (eine Art Tagebuch)
- Aktuelles
- Termine
- Stellenangebote
- Schwarzes Brett

Downloads – hier können Eltern Informationen und Formulare herunterladen:

- Konzeption
- Anmeldeformular
- Antrag auf Ermäßigung
- Einverständniserklärungen (Fotos, Schwimmen, Ausflüge usw.)

Interaktive Seiten – hier können Eltern direkt Kontakt aufnehmen und Informationen mitteilen:

- Krankmeldung
- Kontaktformular
- Mittagessen bestellen/abbestellen

Praktisch für die Eltern sind **Tausch- und Flohmarktbörsen** bzw. ein Schwarzes Brett. Hier können sie wie bei Kleinanzeigen Raum bieten, um z. B. Fußballschuhe zu verkaufen, Lehr- und Lernmittel zu verschenken, Mitfahrgelegenheiten anzubieten oder Babysitter zu suchen. Achten Sie darauf, dass hier niemand Werbung für seine Firma macht oder andere Inhalte postet, die nichts auf den Seiten Ihrer Einrichtung zu suchen haben. Ideal ist es, eine Person (das kann auch ein Elternteil sein) zu beauftragen, die Inhalte freizuschalten und zu löschen. Das muss dann aber mindestens einmal wöchentlich und sehr zuverlässig passieren, damit die Anzeigen auch aktuell sind.

Achtung:
Jede Webseite muss ein Impressum haben und die aktuellen Datenschutzrichtlinien einhalten! Näheres dazu finden Sie auf einschlägigen Seiten im Internet. Professionelle Webdesigner und Administratoren kennen sich meist gut mit dem Thema aus und können Ihnen hier weiterhelfen. Im Zweifelsfall holen Sie sich unbedingt rechtlichen Rat.

Wenn Sie Fotos und Bilder von und mit Kindern oder Erwachsenen auf der Webseite zeigen möchten, benötigen Sie jeweils die **Einwilligungen der Eltern** (und ggf. auch der Kinder). Außerdem müssen Sie die Einwilligung des jeweiligen Fotografen einholen. Auch ein Raum könnte geschützt sein. Wenn Sie z. B. in einem Museum fotografieren, dürfen Sie das vielleicht nur für private Zwecke tun, nicht aber, um die Bilder öffentlich auszustellen. Fragen Sie also lieber nach, bevor Sie eine Abmahnung riskieren.
Damit niemand die Fotos im Internet ohne Ihre Einwilligung (bzw. die der Rechteinhaber) verbreitet, können Sie die Abbildungen mit Wasserzeichen versetzen. Software bzw. Tools dafür finden Sie im Internet. Allerdings sollten Sie sich im Klaren sein, dass kein Wasserzeichen wirklich sicher ist und mit den heutigen technischen Möglichkeiten alle Bilder kopiert und geklaut werden können. Achten Sie also lieber gut darauf, was Sie online zeigen und was nicht.

Die Texte

Wenn Sie oder Eltern Texte für den Webauftritt schreiben, sollten Sie darauf achten, **kurz und prägnant** zu formulieren. Niemand möchte Texte lesen, die mehr als einen PC-Monitor ausfüllen. Kürzen Sie also so gut wie möglich. Grundsätzlich gelten die gleichen Regeln wie beim Schreiben, von Aushängen, Briefen und Mails. Denken Sie beim Formulieren an die Zielgruppe, für die Sie schreiben, und daran, dass ein Webauftritt meist nicht so konzentriert und in Ruhe gelesen wird, wie ein ausgedruckter Brief. Fassen Sie sich also kurz und bringen Sie die Informationen auf den Punkt.

Tipp:
Damit sich keine Fehler einschleichen, tippen Sie die Texte zuerst im Textverarbeitungsprogramm am PC. Hier ist die Korrekturhilfe meist viel besser und umfangreicher als bei den Website-Editoren.

© Rawpixel.com – Fotolia.com

Zeitung oder Blog

Eine Zeitung oder einen Blog können Eltern, Kinder oder Teammitglieder gestalten. Am besten ist von jeder Personengruppe jemand dabei.
Ein Weblog, kurz Blog, lässt sich unabhängig oder innerhalb einer Webseite betreiben. Es gibt einige kostenlose Anbieter, die recht schöne, einfache Systeme zur Verfügung stellen (z. B. wordpress). Ein Blog lebt davon, möglichst oft und vor allem regelmäßig gefüttert zu werden. Grundsätzlich ist das also gleich wie bei einem Newsletter, nur muss sich niemand anmelden, um den Blog zu lesen. Es ist sinnvoll, dafür einen festen Arbeitskreis einzurichten und Termine festzulegen, wann jeweils veröffentlicht werden soll.
Blogbeiträge lassen sich schneller umsetzen als Zeitungsbeiträge, da sie direkter und unmittelbarer veröffentlich werden. Eine Zeitung muss gestaltet, mit Informationen und Texten gefüttert und schließlich gedruckt werden. Da dies ein erheblicher Aufwand ist, kann sie ca. viertel- bis halbjährlich erscheinen. Die Druck- bzw. Kopierkosten können auf die Leser umgelegt werden. Das hat allerdings manchmal zur Folge, dass nur wenige Eltern die Zeitung lesen, weil sie sich die Kosten sparen möchten. Ein Blog ist **kostenlos und jederzeit abrufbar**. Daher können Eltern und Kinder auch am Wochenende darin lesen und Informationen abrufen. Blogeinträge sollten wie auch Zeitungsseiten mit Bildern illustriert werden, damit sie die Leser ansprechen. Außerdem gibt es die Möglichkeit, Videos und Audios (Tonaufnahmen) einzugliedern. So können kurze Anleitungen (z. B. wie man Bücher einbindet) oder Filme der Kinder veröffentlicht werden.
Beide, Zeitung und Blog, bieten die Möglichkeit, Kindern (und Eltern) den Umgang mit Kommunikationsmedien näherzubringen (Literacy, Umgang mit Medien). Das Erstellen und Bearbeiten einer Zeitung ist für viele sicherlich etwas altmodisch, doch lernen die Kinder (und Eltern) dabei die einzelnen Schritte der Produktion kennen und verstehen, wie aufwändig es ist, eine gute Zeitung zu machen. Sie werden den Prozess verinnerlichen und die Arbeit ernst nehmen. Das Erstellen eines Blogbeitrags kann schnell passieren und als unwichtig betrachtet werden, weil ja alles online zu lesen ist. Die Wertschätzung für die Arbeit an einem Blog entsteht vermutlich erst, wenn die Mitarbeiterinnen sich so intensiv damit beschäftigen wie beim Anfertigen einer Zeitung. Es ist also sinnvoll, eine Blogredaktion ähnlich einer Zeitungsredaktion aufzubauen. D. h., Artikel/Beiträge werden recherchiert, notiert, besprochen, redigiert (inhaltlich überarbeitet), korrigiert (Fehler verbessert) und schließlich veröffentlicht.
Achten Sie bei Zeitung und Blog ebenfalls auf den **Datenschutz** und die notwendigen Einverständnisse (s. S. 28).

Elternabende

Im Kindergarten sind Elternabende für die meisten Eltern noch Termine, die selbstverständlich und meist auch gern wahrgenommen werden. Schließlich gibt es hier die Möglichkeit, sich persönlich zu informieren, auszutauschen und einzubringen. Der erste Elternabend in der Schule scheint auch noch ein Anlass zu sein, sich zu beteiligen, auch wenn hier meist noch weniger Eltern erscheinen als in den Kindergärten. Wenn dann aber zusätzlich noch Termine bei der Nachmittagsbetreuung, im Ganztag oder Hort anstehen, wird es schon schwer, einen freien Zeitpunkt zu finden. Für viele Eltern erscheint es vermutlich nicht so wichtig, hier auch noch teilzunehmen. Umso wichtiger ist es, Elternabende gut zu planen und auf die Eltern abzustimmen.

Zuerst gilt es, sich zu überlegen, welche und wie viele Elternabende überhaupt nötig sind. Beschränken Sie sich auf **höchstens zwei allgemeine Elternabende** im Jahr, damit die Eltern nicht überfordert werden. Ein Termin zu Beginn des Jahres ist vor allem für die neuen Eltern wichtig. Wenn auch die „alten Hasen" gern kommen sollen, müssen sie bereits positive Erfahrungen an Elternabenden gemacht haben und sie als sinnvoll erachten. Ein weiterer Termin etwa Anfang des zweiten Halbjahres bietet sich an, wenn es z. B. eine Gruppenfahrt oder andere wichtige Themen zu besprechen gibt. Außerdem können jederzeit Fachelternabende angeboten werden, die Wunschthemen der Eltern und des pädagogischen Personals behandeln. Hier besteht auch die Möglichkeit, Experten einzuladen.

Themen für Fachelternabende können z. B. sein:

- Legasthenie und Dyskalkulie
- Inklusion in unserer Einrichtung – Teilhabe am gemeinsamen Alltag
- Hausaufgaben – Tipps, Tricks und Strategien
- Freizeit gestalten – gemeinsam aktiv und kreativ sein
- Kochen und Essen mit meinem Kind

Damit Eltern motiviert sind und verstehen, wie wichtig die Teilnahme am Elternabend ist, sollten die **Einladungen ansprechend und informativ** sein. Der Termin muss gut überlegt werden und mit den Schulterminen abgestimmt sein. Sicher können Sie in Erfahrung bringen, wann dort die Elternabende stattfinden, und z. B. durch eine Elternumfrage herausfinden, ob Ihr Abend gleichzeitig oder lieber ein, zwei Wochen später bzw. früher stattfinden soll. Bleiben Sie mit den Eltern im Gespräch, um ihre Bedürfnisse und Wünsche herauszufinden, so können Sie sich gut abstimmen.

Dass manche Eltern kein Interesse an Elternabenden haben, können Sie nicht ändern. Es steht Ihnen jedoch frei, Impulse zu setzen, um sie zu motivieren oder sogar zu begeistern. Dies geschieht durch ansprechende Themen, eine positive, einladende Haltung und gute Absprachen.

Auch ist zu überlegen, ob Sie die Eltern gewissermaßen zur Teilnahme an Elternabenden verpflichten. Schreiben Sie, wenn Sie sich dafür entscheiden, bereits in die Konzeption und in die Aufnahmeunterlagen, dass Sie die regelmäßige Teilnahme an Elternabenden und anderen Elternveranstaltungen erwarten, weil nur so eine enge partnerschaftliche Zusammenarbeit im Sinne der Kinder möglich ist. Welche Konsequenzen es haben kann, wenn Eltern nicht erscheinen, müssen Sie sich dann natürlich auch überlegen, denn rein rechtlich können Sie sie nicht zwingen, die Termine wahrzunehmen. Konsequenzen, die Eltern direkt merken, sind fehlende Informationen, keine Möglichkeit, sich z. B. in wichtige Listen einzutragen, fehlender Austausch und mangelhafte Integration in die Elternschaft. Positiv gedacht, können diese Punkte an einem Elternabend dazu führen, sich zugehörig zu fühlen.

Wichtig bei allen Elternabenden, auch wenn es um schwierige und ernste Themen geht, ist die humorvolle und sehr freundliche offene **Haltung**. Auch wenn Sie eine gewisse Autorität als pädagogische Fachkraft ausstrahlen sollen und stets „Herr der Lage" sein müssen, können Sie freundlich und fröhlich sein.

Tipps für gelingende Elternabende:

- Planen Sie gemeinsam im Team, wann, wo und wie lange der Elternabend stattfinden soll und welche Inhalte vorgesehen sind.
- Schreiben Sie sich eine Übersicht mit allen Punkten, die angesprochen werden sollen.
- Lassen Sie bei der Planung Platz für Gespräche und Fragen.
- Veranschlagen Sie einen Zeitplan und halten Sie ihn auch ein. Nichts ist schlimmer als ewig lange Elternabende, weil die Informationen immer länger werden.
- Üben Sie sich als Moderatorin, indem Sie z. B. im Team ausprobieren, wie Sie vorgehen können. Wichtig ist, die Gespräche zwischen den Eltern im Rahmen zu halten, d. h., sie zu leiten, evtl. einzuschreiten, wenn jemand vom Thema abschweift, sich im Ton vergreift, beleidigend wird usw.
- Besprechen Sie sich mit dem Elternbeirat bzw. den Elternvertretern, ob sie sich um Getränke und evtl. Knabbereien kümmern können. Für die Eltern ist es gut, wenn auch die Elternvertreter sich äußern und einbringen. So sehen sie, dass Eltern gehört werden und eine Stimme haben.
- Sorgen Sie stets für eine angenehme Atmosphäre, gute Durchlüftung und genug Licht.
- Verzichten Sie auf lange Vorstellungsrunden, die den meisten Eltern unangenehm sind. Eröffnen Sie den Abend lieber mit einem lockeren Spiel oder einer Aufgabe. Lassen Sie z. B. die Kinder ihre Eltern im Vorfeld malen und legen Sie die Bilder auf die Stühle. Die Eltern müssen nun ihr Bild finden und dürfen sich dorthin setzen. In der Runde erzählen sie kurz, woran sie ihr Bild erkannt haben und wer sie sind. Wenn Eltern die Bilder vertauschen, ist es besonders lustig.
- Beenden Sie den Abend stets gemeinsam und mit einem abschließenden Gruß.

© Birgit Reitz-Hofmann – Fotolia.com

Am ersten Elternabend des Jahres müssen die Elternsprecher (Pflegschaft) gewählt werden. Damit dieser Tagespunkt nicht zu viel Zeit benötigt, sollten Sie sich mit den bisherigen Elternvertretern gut absprechen und sie bitten, die Wahl zu organisieren (s. „Pflegschaft oder Elternsprecher, Elternbeirat …“ S. 61).

Eltern aktiv

Wenn Sie Eltern als Partner gewinnen wollen, sorgen Sie dafür, dass sie sich mit der Einrichtung identifizieren, sich dort wohlfühlen und oder sogar das Gefühl bekommen, ein wichtiger **Teil des Geschehens** zu sein. Jede Mutter, jeder Vater kann irgendetwas gut genug, um es einzubringen. Wer meint, keine besonderen Fähigkeiten zu haben, kann sich z. B. als Blumengießer in den Ferien betätigen oder dabei helfen, die Bibliothek zu entstauben. Wer sich traut, sein Wissen oder Können anderen zu vermitteln, darf einen Kurs/Workshop für Kinder, Eltern oder das Personal anbieten. Es muss gar nichts extrem Innovatives sein. Manche Eltern sind dankbar, wenn ihnen ein Vater zeigt, wie sie mit den Kindern ein Vogelhaus bauen können. Kinder freuen sich, wenn Eltern mit ihnen Plätzchen backen oder ein Theaterprojekt durchführen. Vielleicht hat ein Gärtner Zeit und Lust, Eltern und Kinder anzuleiten, einen Gemüsegarten auf dem Gelände anzulegen und ein anderer Elternteil gründet eine Redaktion für die Hort-Webseite oder -Zeitung. Auch eine Rad- und Skatewerkstatt ist sinnvoll für die Kinder, wenn sich Eltern bereiterklären, ab und zu Hilfe zu leisten und Kinder bei Reparaturen und Pflege zu unterstützen.

Wenn Eltern etwas für Eltern anbieten, begegnen sie sich auf Augenhöhe. Das baut Unsicherheiten ab und fördert das Miteinander.

Private Schulen und Kitas verlangen von den Eltern meist ein gewisses Kontingent an Stunden pro Schuljahr abzuleisten, die der Einrichtung zugutekommen.

So lästig es sein mag, diese „Zwangsmitarbeit" führt dazu, dass alle Eltern irgendwann etwas für die Einrichtung tun, sich einbringen und sich so als Teil des Systems fühlen. Im besten Fall finden Aktionen in AGs (Arbeitsgruppen) statt, sodass die Eltern sich untereinander kennenlernen.

Pflegschaft oder Elternsprecher, Elternbeirat ...

Jeweils am ersten Elternabend eines Schuljahres werden die Elternvertreter gewählt. Dies ist genauso sinnvoll und notwendig wie die Wahlen von Klassensprechern. Diese demokratische Form des Wählens und Sich-Einbringens in eine Gruppe und ein System zeigt, dass die eigene Meinung zählt, aber auch die Gruppe als Ganzes wichtig ist. Eltern, die sich hier einbringen, sind großartige Vorbilder für ihre Kinder und können ihnen vermitteln, wie wichtig es ist, aktiv mitzumachen. Auch andere Eltern schauen sich meist von den Elternvertretern ab, wie diese Aufgaben funktionieren. Gibt es Elternvertreter, die positiv wirken, auf die Eltern zugehen und zeigen, dass sie tatsächlich als **Bindeglied zwischen Eltern und pädagogischen Fachkräften** funktionieren, werden sich leichter neue Eltern für diese Aufgaben finden.

Je nach Bundesland und Einrichtung ist es unterschiedlich, ob Elternvertreter gewählt werden. Die im Klassen- bzw. Gruppenverband gewählten Elternsprecher bzw. Elternvertreter (z. B. bei offenen Ganztagsschulen in freier Trägerschaft oder Horten) oder Vorsitzenden der der (Klassen-)Pflegschaften (z. B. bei Ganztagsschulen unter Trägerschaft der Schule oder gebundenen Ganztagsschulen) wählen ggf. untereinander wiederum Vertreter, die dann als Elternbeirat auftreten bzw. die Schulpflegschaft bilden (je nach Größe der Einrichtung). Die Bundesländer verwenden zwar unterschiedliche Begriffe für die Elternvertreter, es ist jedoch in allen Ländern gesetzlich vorgeschrieben, dass jährlich Elternvertretungen an Schulen und Kindertageseinrichtungen gewählt werden müssen.

Die **Aufgaben von Elternvertretern** sind vielfältig und müssen im Team und mit dem Träger vorab festgesetzt werden. Werden schon die Eltern bei der ersten Aufgabenverteilung einbezogen, können sie die Aufgaben nicht als Pflichten sehen, sondern ihre Rechte anbringen. Denn Eltern haben ein Anrecht, ihre Meinung zu äußern und auf das pädagogische Geschehen Einfluss zu nehmen, wenn sie es als wichtig erachten. Besonders hilfreich ist der Elternbeirat jedoch für organisatorische Aufgaben, wie die Planung und Durchführung von Festen. Außerdem können Eltern sich oft besser auf Augenhöhe mit anderen Eltern über Probleme unterhalten, die Abläufe in der Einrichtung oder Streitigkeiten untereinander betreffen.

Tipp:
Eine interessante Übersicht über Rechte und Pflichten von Klassenelternsprechern und Elternbeiräten sowie Informationen über die Wahlen finden Sie auf der Webseite des „Gemeinsamen Elternbeirats Fürth" unter der Rubrik „Themen" mit den Stichworten „EB-Wahlordnungen" und „Rechte und Pflichten von Elternvertretungen".

Gemeinsame Feste, Feiern und Aktionen

Wer kennt sie nicht, die Listen für das jährliche Sommerfest, die Adventsfeier oder den Flohmarkt? Kuchen, Beiträge fürs Büfett, Tische aufstellen usw. Meist sind es immer dieselben Personen, die sich hier eintragen. Die übrigen ignorieren die Listen, haben keine Zeit, keine Lust oder aber sie sind schlicht nie in der Einrichtung und bekommen die Listen gar nicht zu Gesicht (s. „Aushänge, Listen und Aufrufe, S. 47 ff.).

In Hort und Ganztag müssen solche Aufgabenverteilungen anders gelöst werden als in Kindergärten. Entweder gibt es Rundbriefe mit Abschnitten, die ausgefüllt zurückkommen sollen (Rücklaufzettel) oder die Infos werden als Mail bzw. Doodle bekannt gegeben. Vielleicht ist es aber auch möglich, von den meist in Kitas üblichen Festen und Feiern wegzukommen und mehr auf die Bedürfnisse der Kinder einzugehen. Wie wäre es also mit einem Herbst- oder Schuljahres-Anfangs-Fest? Eltern haben Mitte Oktober bis Ende November weit mehr Zeit als im Dezember. Die Kinder wachsen gerade zu einer Gruppe zusammen. Um dies zu fördern, bietet es sich an, gemeinsam ein kleines Fest oder eine Aufführung zu organisieren, bei der jedes Kind etwas beiträgt. Werden Eltern und Kinder gemeinsam involviert, ist dies eine große Chance, dass alle sich etwas besser kennenlernen und einen **guten Start ins neue Schuljahr** haben. Möglich wäre z. B. eine Ausstellung, bei der jedes Kind ein Foto von sich, seiner Familie und z. B. seinem Hobby zeigt. Gemeinsam schreiben Sie einen kurzen Text dazu. Während alle durch die Ausstellung gehen, gibt es Snacks/Fingerfood vom Büfett und Getränke. Vielleicht ergänzen Musiker (Eltern/Kinder) den Aktionstag. Sehr schön ist auch eine Art lyrischer Nachmittag oder Abend. Ob Poetry-Slam, Improvisationstheater oder Poesie-Veranstaltung: Kinder, Lehrerinnen, Erzieher und Eltern tragen etwa ein Gedicht, einen freien Text, eine kurze Geschichte, ein Lied oder etwas anderes vor. Manche spielen ein Instrument oder zeigen einen Tanz. Im geschützten Rahmen solch einer Veranstaltung in Hort oder Schule trauen sich bald immer mehr kleine und große Leute, etwas vorzutragen. Wichtig ist dabei, dass alle Akteure mit Respekt behandelt werden, auch wenn einmal etwas holpriger oder langweiliger vorgetragen wird. Und das Publikum sorgt mit für das Büfett. Dies kann ebenfalls in einer gemeinsamen Kochaktion geschehen.

Was Eltern anbieten, bzw. wo sie mitarbeiten können

Für Kinder:

- Computerclub
- Näh-, Strick- oder Häkelkurs
- Schreibwerkstatt
- Kreativwerkstatt
- Künstleratelier
- Fahrradwerkstatt
- Tanzkurs
- Sprachkurs
- Musikschule/Gesangsunterricht
- Sprechtraining (z. B. für Referate)
- spezielle Sportarten (Kletterkurs, Yoga)
- Entspannungsübungen
- Gärtnern
- naturwissenschaftliche Kurse
- Buchclub/Lesezirkel
- Ausflugbegleitung

Für die Einrichtung

- putzen (z. B. bestimmte Bereiche)
- streichen
- renovieren
- Pflanzen pflegen, vor allem in den Ferien
- Tiere versorgen (z. B. das Aquarium in den Ferien)
- Material/Spiele reparieren, reinigen
- Vorhänge nähen

Für die Eltern

- diverse Kurse (ähnlich wie für die Kinder)
- persönliche Unterstützung für Eltern, die wenig Deutsch sprechen
- eine wöchentliche Rundmail schreiben und versenden
- Pflege von Webseite, Blog o. Ä.

Listen Sie auf, welche Aktionen und Angebote im kommenden Jahr stattfinden sollen. So bekommen die Eltern gleich zu Beginn des Jahres einen Überblick und können sich darauf einstellen, wo ihre Hilfe gebraucht bzw. ihre Anwesenheit erwünscht ist. Schreiben Sie sowohl alle jährlich wiederkehrenden Aktionen auf als auch besondere, einmalige Gelegenheiten, sich einzubringen, wie die Maleraktion im Werkraum oder das Jubiläumsfest für den Pfarrer. In der folgenden Kopiervorlage finden Sie auch eine Spalte „Info". Hier erläutern Sie genau, was Sie benötigen und wie viel Hilfe es sein muss.

Kopiervorlage – Elternmitarbeit

Liebe Eltern,

wir freuen uns, dass Sie Ihr Kind in unserem Ganztag/Hort angemeldet haben. Gemeinsam wollen wir allen Kindern eine sichere Umgebung, eine freundliche und fröhliche Atmosphäre sowie viele anregende Aktivitäten bieten. Dafür arbeiten wir als pädagogisches Team mit Ihnen eng zusammen. Mit der folgenden Übersicht möchten wir Ihnen aufzeigen, welche Aktionen für dieses Schuljahr geplant sind und wo wir Ihre Mitarbeit benötigen. Gern dürfen Sie jederzeit Ideen einbringen und uns unterstützen. Genaue Informationen zu den einzelnen Aktionen erhalten Sie jeweils kurz vor dem Termin. Sprechen Sie uns gern an, wenn Sie noch Fragen dazu haben!

Mit freundlichen Grüßen
Ihr pädagogisches Team

Aktion	Anzahl der Termine	Info
Beete anlegen	1-2	im Frühjahr
Reinigungsaktion	2	1x pro Halbjahr
Plätzchen backen	1	Vorweihnachtszeit
Laterne basteln	1	im Oktober

Platz für Ihre Ideen

Ich könnte eine Yoga-AG anbieten für ca. 5-6 Kinder.

64 So gelingt die Elternarbeit in Ganztag und Hort

Liebe Eltern,

wir freuen uns, dass Sie Ihr Kind in unserem Ganztag/Hort angemeldet haben. Gemeinsam wollen wir allen Kindern eine sichere Umgebung, eine freundliche und fröhliche Atmosphäre sowie viele anregende Aktivitäten bieten. Dafür arbeiten wir als pädagogisches Team mit Ihnen eng zusammen. Mit der folgenden Übersicht möchten wir Ihnen aufzeigen, welche Aktionen für dieses Schuljahr geplant sind und wo wir Ihre Mitarbeit benötigen. Gern dürfen Sie jederzeit Ideen einbringen und uns unterstützen. Genaue Informationen zu den einzelnen Aktionen erhalten Sie jeweils kurz vor dem Termin. Sprechen Sie uns gern an, wenn Sie noch Fragen dazu haben!

Mit freundlichen Grüßen
Ihr pädagogisches Team

Aktion	Anzahl der Termine	Info

Platz für Ihre Ideen

....

....

....

....

....

Angebote für Eltern

Kurse und Vorträge

Eltern haben viele Fragen und freuen sich, wenn sie Antworten und Tipps in einem praktischen Kurs vermittelt bekommen. Hierbei lernen sie nicht nur etwas für sich. Sie begegnen anderen Eltern, können sich mit ihnen austauschen und vernetzen. Sie erleben, dass sie nicht allein sind mit ihren Problemen und Sorgen oder aber mit ihren Interessen. Das praktische Tun in einem Kurs, trägt zur Identifikation mit der Einrichtung, die den Kurs ins Leben gerufen hat, bei. Neben pädagogischem Fachwissen sind hier auch alltagspraktische und Gesundheitskurse interessant. Sammeln Sie **Fragen und Wünsche** zu Kursen und Vorträgen der Eltern und klären Sie ab, ob jemand aus dem Team, der Lehrerschaft oder dem Elternkreis diese kompetent vermitteln kann. Holen Sie Fachleute von außen dazu, sofern diese für die Eltern finanzierbar sind (fragen Sie beim Gesundheits- oder Schulamt nach, dort gibt es evtl. Unterstützung). Achten Sie darauf, dass hier keine Werbe- bzw. kommerziellen Veranstaltungen stattfinden. Ideal ist es, wenn die Teilnehmenden praktisch eingebunden werden. So erreichen die Informationen auch Eltern, die sich schwertun, Informationen theoretisch/kognitiv zu verarbeiten, und lieber mit allen Sinnen lernen.

Mögliche Themen für Elternkurse:

- Zu Hause mit den Kindern Hausaufgaben erledigen und lesen üben
- Mathematik mithilfe von Legosteinen oder Perlen vermitteln
- Kinder motivieren, etwas Kreatives zu tun oder draußen zu spielen
- Konzentration und Aufmerksamkeit stärken
- Gesund kochen für Kinder
- Entspannungsübungen gegen Stress
- Wertschätzung und Achtsamkeit in der Familie

Da Horte und Schulen meist nach ca. 18 Uhr leer stehen, bietet es sich an, Räume für Kurse zur Verfügung zu stellen. Vielleicht möchte eine Mutter anderen Eltern Yoga beibringen und kann dies im Turnraum tun oder jemand bietet einen Kochkurs für Alleinerziehende an. Viel Freude machen Eltern auch Kreativ- und Handarbeitskurse. Hier kann es vom Malen, Schnitzen, Nähen und Häkeln bis zum Goldschmieden alles geben, was Eltern interessiert und wofür sich Kursleiter, ggf. Werkzeuge und Materialien finden. An Literatur interessierten Müttern und Vätern können Sie auch einen Lesezirkel anbieten oder Schreibkurse. Klären Sie die Bedingungen und den rechtlichen Rahmen dafür mit dem Träger und ggf. der Schulleitung und sichern Sie sich mit schriftlichen Vereinbarungen ab.

Elterncafé – Elternecke – Elternstammtisch

Gibt es in der Einrichtung einen sehr großen Eingangsbereich, einen Vorraum oder einen leer stehenden Raum? Dann nutzen Sie den Platz für die Eltern. Richten Sie beispielsweise eine Art Wohnzimmer ein, mit einem Tisch und gemütlichen Sitzplätzen. Stellen Sie einen Wasserkocher, eine Kaffeemaschine oder Instantkaffee und Geschirr bereit sowie Papiertücher und Löffel. Außerdem ist es sinnvoll, Notizpapier und Stifte in den Raum zu stellen. Alle weiteren nötigen Sachen bringen sicher die Eltern mit, wenn Sie mit dem Elternbeirat darüber sprechen.
Ein solches „Elterncafé" eignet sich für den **Austausch unter den Eltern**, für Eltern, die mit ihrem Kind eine Portfolioseite gestalten möchten, oder für Gespräche und Versammlungen des Elternbeirates. Je offener und einladender der Bereich ist, desto mehr wird er genutzt. Wer kennt nicht die spontanen Zusammentreffen der Eltern vor der Einrichtung, die sich zu längeren Gesprächen entwickeln. Warum dürfen sich die Eltern nicht in der Einrichtung austauschen? Natürlich soll es hier vor allem um die Belange der Kinder und der Einrichtung bzw. der Eltern zu diesen Themen gehen.

Bei einem Elternstammtisch treffen sich Eltern auf eigene Initiative. D. h., diese Treffen finden für alle Eltern einer Gruppe oder der Einrichtung statt, werden aber nicht vom Team, sondern von den Eltern selbst organisiert. Ob jemand aus dem Team dazu eingeladen wird, müssen die Eltern entscheiden. Evtl. ist es sinnvoll, sich im Team miteinander abzustimmen, wie Sie mit solchen Einladungen umgehen. Elternstammtische finden normalerweise nicht in der Einrichtung statt, sondern beispielsweise im Nebenraum einer Gaststätte (wenn sich die Eltern vor allem unterhalten wollen) oder in einer Kegelbahn (wenn die Eltern vor allem informell miteinander Spaß haben möchten).

Auch wenn zunächst nicht deutlich wird, welche Vorteile solche Eltern-Treffpunkte für die Einrichtung, das Team und vor allem die Kinder haben könnten, es lohnt sich. Eltern, die sich untereinander kennenlernen und austauschen können, lernen voneinander, können den Erfahrungsschatz anderer Mütter und Väter nutzen und sich so im besten Fall ihrem Kind besser widmen. Außerdem identifizieren sie sich mehr mit der Einrichtung, wenn sie ein **aktiver Teil der Elternschaft** sind und sich auch als Teil dieser Gemeinschaft fühlen. Sie sind eher bereit, sich für die Kinder zu engagieren, und kommen lieber zu einem Elternabend und anderen Veranstaltungen, wenn sie bereits engere Kontakte zu anderen Eltern knüpfen konnten.

Reizthemen

Aufsichtspflicht

Wenn Eltern ihr Kind in einem Hort oder einer Ganztagsschule anmelden, übergeben sie den pädagogischen Fachkräften damit die Pflicht, das Kind während der Betreuungszeit zu beaufsichtigen. D. h., ab dem Moment, in dem das Kind die Einrichtung betritt bzw. betreten soll, bis zum Ende der angemeldeten Betreuungszeit obliegt die Aufsichtspflicht den pädagogischen Fachkräften. Sie müssen dafür sorgen, dass es dem Kind gut geht und dass ihm nichts passiert. Wenn das Kind nicht pünktlich erscheint, müssen sie nachforschen, wo es ist und im Notfall die Polizei anrufen. Daher ist es besonders wichtig, dass Eltern ihr Kind zuverlässig abmelden, wenn es krank ist oder aus einem anderen Grund fehlt. Auch Lehrer sind angehalten, den Hort oder die Nachmittagsbetreuer der Ganztagsschule zu informieren, wenn sie ein Kind vom Unterricht krank nach Hause schicken.

Die Aufsichtspflicht für Grundschulkinder unterscheidet sich insofern von der gegenüber unter 6-jährigen, dass Schulkinder bereits recht **selbstständig** sind. Sie dürfen (und sollen) möglichst bald nach Schuleintritt ihren Schulweg allein meistern, auch mal allein einkaufen gehen und können nach etwas Übungszeit auch schon allein mit öffentlichen Verkehrsmitteln fahren. Es ist demnach nicht notwendig, sie ununterbrochen direkt zu beaufsichtigen. Allerdings müssen sie sich stets abmelden bzw. um Erlaubnis fragen. Denn den Erzieherinnen obliegt es, zu entscheiden, ob sie das Kind als „reif" genug für diese Selbstständigkeit erachten. Die Kinder sollten nicht allein unterwegs sein, damit sie ggf. jemanden als Unterstützung bei sich haben. Sinnvoll ist es daher, Kindern immer zu zweit oder zu dritt einen Ausflug, z. B. einen Einkauf im Nahraum, zu erlauben. Es hat sich gezeigt, dass solche Unternehmungen aber erst gegen Ende eines Schuljahres guten Gewissens zu erlauben sind. Denn erst nach einer gewissen Zeit kann das pädagogische Personal die Kinder wirklich gut einschätzen und sichergehen, dass die Kinder selbstständig und vernünftig handeln. Solche Ausnahmen sollten Sie ebenfalls im Team und mit den Eltern abklären. Holen Sie sich vorab das Einverständnis der Eltern, wenn Sie den Kindern zumuten möchten/können, kurzzeitig das Schulgelände zu verlassen.

Immer wieder kommt es vor, dass Eltern es zu gefährlich finden, Kinder allein auf dem Pausenhof spielen zu lassen, besonders wenn dieser öffentlich zugängig ist. Schulkinder müssen aber nicht eingesperrt werden. Sie sollen sich **frei bewegen** dürfen. Sollte der Schulhof jedoch an einer großen Straße liegen und zudem die Gefährdung durch außenstehende Personen zu befürchten sein, ist hier die Aufsicht der Betreuer gefragt. Auch wenn der Pausenhof weit von den Räumlichkeiten der Ganztagsbetreuung weg ist, sollte es draußen eine Aufsicht geben. Es gilt eben, je nach Situation und Bedingungen sowie nach dem jeweiligen Kind abzuwägen, wie weit die Aufsicht gehen muss.

Grundsätzlich sollten Kinder nie über längere Zeit allein gelassen werden. Auch auf dem Pausenhof müssen die Erzieherinnen ab und zu nachsehen, ob alles in Ordnung ist. Je nachdem, wie gut sie den Platz vom Haus oder ihrem Standplatz aus einsehen können, müssen sie Rundgänge machen, um nach den Kindern zu sehen. Das ist nicht nur wegen der Sicherheit notwendig, sondern auch wegen ihrer pädagogischen Verpflichtung. Schließlich sind sie auch dafür da, die Freizeit pädagogisch zu begleiten. Sie können und dürfen mit Kindern gemeinsam Freizeit verbringen, mit ihnen Sport machen und spielen. So sind sie nicht nur Beobachter, die der Aufsichtspflicht nachkommen, sondern auch teilnehmende Betreuer und Begleiter.

Wenn nun aber Eltern ihrer Aufsichtspflicht nicht nachkommen? Das passiert z. B. häufig bei gemeinsamen Veranstaltungen. Handelt es sich hierbei um ein Fest, bei dem die Eltern eingeladen sind, obliegt ihnen die Aufsicht über ihre Kinder. Nur bei Veranstaltungen, bei denen die Kinder bewusst in der Obhut des pädagogischen Personals stehen, müssen diese auch die Aufsicht, zumindest während dieser Zeit, übernehmen. Wenn also bei einem Sommerfest von den Kindern ein Theaterstück gespielt wird, beaufsichtigt die Erzieherin die Kinder während des Stückes. Anschließend, beim gemeinsamen Grillen und Feiern, obliegt die Aufsichtspflicht den (anwesenden) Eltern. Läuft das Kind währenddessen auf die Straße und wird von einem Auto angefahren, haften die Eltern dafür, denn sie müssen ihr Kind im Auge behalten, nicht die Erzieherinnen.

Zusammengefasst:
Die Aufsichtspflicht lässt sich nicht allgemeingültig festlegen und ist immer eine **Frage der Einschätzung**. Egal ob Eltern oder pädagogische Fachkräfte, sie müssen das Kind kennen und dann abschätzen, was es kann, was sie ihm zutrauen und zumuten können. Ist das nicht möglich, z. B. bei Kindern, die gerade neu in der Einrichtung sind, muss die Aufsicht verstärkt und engmaschig sein.

Hausaufgaben

„Wozu zahle ich eigentlich Hortgebühren, wenn mein Kind nie seine Hausaufgaben vollständig macht?" Hausaufgaben oder, wie es in vielen Einrichtungen heißt, „flexible Lernzeiten" sind und bleiben ein schwieriges Thema, vor allem für die Kinder, aber auch für die Eltern, Erzieherinnen und Lehrer. Um das Reizwort etwas abzumildern und mehr auf den pädagogischen Wert zu zeigen, nennen viele Einrichtungen die Zeit für die Schularbeiten **„flexible Lernzeiten"**. Hier sollen die Kinder nicht nur Aufgaben erledigen, sondern die Zeit nutzen, um zu lernen, zu üben und zu denken. In der Praxis lernen oder üben Kinder in den Nachmittagsbetreuungen selten, sondern arbeiten vor allem an ihren schriftlichen Hausaufgaben.
Kinder, die täglich bis mindestens 16 Uhr in der Betreuung sind, sollen dort ihre Hausaufgaben vollständig erledigen. Ob dies klappt, hängt von mehreren Faktoren ab:

- Die Hausaufgaben sind in einer Menge/Größenordnung, die für das Kind durchführbar ist.
- Das Kind weiß sich zu organisieren und behält den Überblick über seine Hausaufgaben.
- Die Einrichtung bietet einen ruhigen Raum und ausreichend Platz zum Erledigen der Hausaufgaben an.
- Die Aufgaben werden pädagogisch betreut.
- Kinder mit Schwierigkeiten erhalten Unterstützung.
- Das Kind hat alles dabei, was es für die Hausaufgaben benötigt, und weiß, was es tun soll.

Wann und welche Hausaufgaben in der Einrichtung erledigt und wie sie begleitet werden, müssen Sie spätestens am ersten Elternabend und schriftlich erläutern. In den meisten Einrichtungen gibt es von Montag bis Donnerstag Hausaufgabenpflicht und am Freitag steht es den Kindern frei, da sie ja am Wochenende noch Zeit dafür haben. So können sie einmal in der Woche etwas mehr Freizeit in der Einrichtung genießen. Lernen und Üben sowie Lesen sollen die Kinder zu Hause, möglichst mit den Eltern gemeinsam. Wer neben den anderen Hausaufgaben noch Zeit findet, kann dies natürlich auch in der Einrichtung machen, sofern es andere Kinder nicht stört.

Manche Einrichtungen bieten eine feste Hausaufgabenzeit an, z. B. nach dem Essen bis 15 Uhr. Andere haben offene bzw. gleitende Zeiten, sodass jedes Kind selbst entscheidet, wann es seine Arbeiten erledigen will. Als sehr sinnvoll hat sich erwiesen, den neuen Schulkindern im ersten Halbjahr die Zeit direkt nach Schulschluss vorzubehalten. Zu dieser Zeit sind meist nur die Kinder der ersten Klassen da, die anderen Kinder haben länger Schule. So können Sie sich intensiv mit ihnen beschäftigen und ihnen gewisse Routinen vermitteln, wie:

- Ranzen hinstellen
- Hausaufgabenheft herausholen
- Hefte/Material herausholen
- sobald alles fertig ist, vorzeigen
- evtl. korrigieren/ergänzen
- nachsehen und merken, was zu Hause gelesen/geübt werden soll
- einpacken
- Schulranzen aufräumen

Die Kinder können bald **selbstständig arbeiten** und sind sicher in ihrer täglichen Routine. Nach einer gewissen Zeit können sie wie die anderen Kinder entweder vor oder nach dem Essen bzw. zu den festen Zeiten arbeiten.
Kinder, die wissen, wie sie Hausaufgaben machen müssen, und sich am ruhigen Platz wohlfühlen, haben meist keine Probleme, ihre Arbeiten zu erledigen. Bei Schwierigkeiten können sie fragen. Wenn Kinder aber ständig zu viel oder zu schwere Aufgaben gestellt bekommen, ist es Zeit, mit Eltern und Lehrern zu sprechen. Klären Sie, wo es hakt, und finden Sie gemeinsam eine Lösung. Üblich ist z. B., dass Sie (und am Wochenende die Eltern) im Mitteilungsheft notieren, wenn es zu viele/zu schwere Hausaufgaben waren, auch wenn das Kind einen Teil nicht schafft. Weder in Hort/OGS noch zu Hause sollen Kinder über zu lange Zeit Hausaufgaben machen müssen. Dabei werden sie extrem frustriert und es kann zu Blockaden kommen. In der Regel sagen Lehrer, wie lange Hausaufgaben in den jeweiligen Klassenstufen dauern dürfen, im Zweifelsfall fragen Sie nach.
In Bayern gilt beispielsweise laut Bayerischer Schulordnung § 28, dass Grundschüler eine Stunde Hausaufgaben machen sollten. Ob darin auch Lernen, Üben und Lesen enthalten sind, muss individuell besprochen werden. Für ein Kind der ersten Klasse kann das sehr lange sein und es werden sicher schnell die unterschiedlichen Entwicklungsstufen der Kinder deutlich.
Wenn Kinder zu Hause nicht lesen üben, weil die Eltern sie dabei nicht unterstützen (können), sollten Sie bzw. die Lehrer Unterstützung anbieten. Zunächst gilt es, zu klären, warum die Eltern nicht helfen. Vielleicht ist ihnen gar nicht bewusst, dass die Leseanfänger täglich laut lesen müssen und dabei kontrolliert werden sollen. Oder aber Sie haben keine Zeit dafür, sprechen kein Deutsch bzw. können es nicht lesen. Auch gibt es Kin-

der, die sich weigern, zu lesen oder laut zu lesen. Dies trifft häufig zu, wenn eine starke Lese-Rechtschreib-Störung vorliegt, die ihnen das Lesen zu einer mühsamen Prozedur werden lässt. Wissen Sie, warum das Kind zu Hause nicht liest oder seine Hausaufgaben erledigt, können Sie oder/und die Lehrkraft unterstützend eingreifen. In der Regel reicht ein Gespräch, manchmal ist es nötig, Hilfen zu organisieren. In vielen Städten und Gemeinden gibt es z. B. Lesepaten, die sich anbieten, regelmäßig mit Kindern lesen zu üben.
Ein Elternabend zum Thema „Hausaufgaben" kann offene Fragen der Eltern klären und ihnen ermöglichen, einen Einblick in die täglichen Arbeitsroutinen ihrer Kinder zu bekommen. Lassen Sie die Eltern ganz praktisch durchleben, was die Kinder tun. Geben Sie den Müttern und Vätern eine Aufgabe (nicht zu einfach, damit sie sich etwas anstrengen müssen) und lassen Sie sie an den Tischen der Kinder sitzen, um diese zu erledigen. So können sie spüren, wie es ist, in einem Raum mit vielen anderen zu arbeiten. Zeigen Sie hierbei auch, wie Sie Kinder unterstützen, die Fragen haben und Hilfe benötigen.

Zusammengefasst:
Jedes Kind geht ganz individuell mit seinen Hausaufgaben um und benötigt unterschiedliche Unterstützung. Eltern sind genauso dafür verantwortlich wie die pädagogischen Fachkräfte im Ganztag und Hort sowie die Lehrer. Es ist wichtig, sich miteinander gut abzusprechen und stets das Kind, seine (psychische) Gesundheit und seine Entwicklung im Blick zu behalten. **Gemeinsames Handeln** nimmt Eltern den Druck und erleichtert Kindern den Umgang mit den Hausaufgaben.

© Monkey Business – Fotolia.com

© arvisserg – Fotolia.com

Mittagessen

Vegan, vegetarisch, koscher, halal, laktosefrei, glutenfrei und schmecken muss es auch noch – das Mittagessen. Je nach Größe und Ausstattung der Einrichtung gibt es von frisch gekochtem Essen bis zur aufgewärmten Tiefkühlkost eine große Bandbreite an Möglichkeiten. Doch egal wie gut die Qualität des Essens ist, es wird immer einige Kinder geben, die es nicht mögen, und Eltern, die etwas auszusetzen haben. Auch wenn es meist sehr anstrengend ist, sich mit den Essenswünschen auseinanderzusetzen, sollten Sie Verständnis aufbringen. Für Eltern ist die Ernährung ihrer Kinder wichtig, denn sie wollen, dass ihre Kinder gut versorgt sind. Zumindest ist es in der Regel so. Leider gibt es auch Eltern, denen es vollkommen egal ist, wie sich die Kinder ernähren und ob sie überhaupt ausreichend essen.
Gibt es Probleme mit dem Lieferanten, sprechen Sie ihn an. Häufig hilft der Austausch, das Essen zu verbessern. Führen Sie **Umfragen** mit den Kindern und Eltern durch und klären Sie die Ergebnisse gemeinsam mit einem Elternvertreter beim Lieferanten ab. Führen Sie für einen bestimmten Zeitraum ein Bewertungssystem ein, um das tägliche Essen zu reflektieren. Hier sollen neben „schmeckt gut"/„geht so"/„geht gar nicht" auch Kriterien zur Konsistenz, Wärme, Menge, zu Gewürzen und Zusammenstellung aufgeführt sein. Eine Liste mit Wunschessen zeigt dem Caterer, was die Kinder mögen. Hilft alles nichts, müssen Sie eine andere Firma beauftragen. Es ist auch möglich, Eltern mit ins Boot zu holen, die sich um die Essenslieferungen und den Service kümmern oder Sie zumindest dabei unterstützen. Bieten Sie an, dass die Kinder ihr Essen mitbringen, wenn sie das bestellte Essen nicht mögen oder nicht vertragen. Ob sie dies dann (selbst) in einer Mikrowelle aufwärmen oder kalt essen, müssen Sie vorab klären (und keine Ausnahmen machen!).
Wenn möglich, kochen Sie z. B. in den Ferien selbst oder mit Unterstützung von Eltern. Denken Sie in diesem Fall aber unbedingt an Hygienevorschriften und Gesundheitszeugnisse. Dabei helfen jeweils einige Kinder mit. So lernen sie anderes Essen kennen, üben, es zuzubereiten, und ihre Wünsche für den Speiseplan können direkt umgesetzt werden.

Zusammengefasst:
Mittagessen wird immer ein Reizthema bleiben, da Geschmäcker eben sehr verschieden sind. Gute Absprachen, auch mit dem Essenslieferanten, sind wichtig und ermöglichen die beste Versorgung.

Hygiene

Sind es Hygieneprobleme, wenn **Kinder** nicht gut riechen, weil sie ständig dieselbe Kleidung tragen, die Haare und der Körper nicht gewaschen werden oder die Kleidung offenbar stockt (also feucht gelagert wird)? Oder sind das vielmehr soziale Probleme? Zunächst gilt: Kinder im Grundschulalter können nichts dafür, wenn sie unangenehm riechen. Sie brauchen die Unterstützung ihrer Eltern, um sich regelmäßig zu waschen und saubere Kleidung zu tragen. Es ist also niemandem geholfen, die Nase zu rümpfen und wegzusehen. Sprechen Sie das Kind darauf an und laden Sie auch die Eltern zum Gespräch ein, vor allem wenn Sie den Verdacht auf Kindeswohlgefährdung haben. Gehen Sie direkt, aber mit Feingefühl vor, und zwar in einem Raum ohne andere Zuhörer. Denken Sie dabei an eine wertschätzende Kommunikation.

Die **Hygiene in der Einrichtung** betrifft vor allem die Küche und die Toiletten. In der Küche gelten strenge Vorschriften, die auch von Ihnen, Eltern und Kindern eingehalten werden müssen. Für bestimmte Bereiche sollten z. B. je ein Putzlappen bzw. eigenes Handtuch vorhanden sein (Boden, Waschbecken, Toiletten). Wer mit Lebensmitteln umgehen will und diese für andere zubereitet, muss eine Hygieneschulung besuchen und ein Gesundheitszeugnis vorlegen.
Einer der wichtigsten Punkte ist der Umgang mit Eiern, rohem Fleisch und Fisch. Eierschachteln sollen möglichst nach Gebrauch entsorgt werden, da sie oft mit Salmonellen kontaminiert sind (auch wenn es schade darum ist, weil sie sich so gut zum Basteln eignen). Waschen Sie sich immer gründlich die Hände, wenn Sie rohe Eier, Eierschalen, rohes Fleisch oder Fisch angefasst haben. Sorgen Sie dafür, dass Speisereste vorschriftsmäßig entsorgt werden und Abfallbehälter gut verschlossen sind.

Tipp:
Falls Sie Eierschachteln nicht wegwerfen und zum Basteln verwenden möchten, legen Sie sie in einen Backofen und erhitzen Sie sie über ca. 10 Minuten auf mindestens 70 Grad. So werden die Keime abgetötet.

Tipp:
Begeben Sie sich auf Augenhöhe mit den Kindern. Drehen Sie ein eindeutiges (selbstverständlich nicht intimes) Video darüber, wie man Toiletten richtig nutzt. Wenn die Kinder nicht selbst agieren wollen, können sie Puppen verwenden oder Figuren zeichnen und animieren, sodass ein Zeichentrickfilm entsteht.
Bakterien sind (leider) unsichtbar, so auch Urinspuren auf und rund um die Toiletten. Sie könnten jedoch versuchen, mit farbigem Pulver (z. B. Kreidestaub) Spuren sichtbar zu machen, um sie den Kindern zu zeigen.

Zusammengefasst:
Mangelnde Hygiene bei Kindern, in Familien oder aber in der Einrichtung darf nicht toleriert werden. Kinder müssen lernen, sich selbst um ihre Hygiene zu kümmern, damit sie gesund bleiben. Pädagogische Fachkräfte sind angehalten, sie dabei zu unterstützen, und, wenn nötig, auch auf die Eltern einzuwirken.

Zähneputzen …

… nach dem Mittagessen ist in vielen Einrichtungen üblich, sogar bei den unter 3-jährigen. Manche Kinder putzen höchstens einmal am Tag ihre Zähne, mehr oder weniger gründlich, andere regelmäßig morgens und abends. Da scheint es sinnvoll zu sein, allen Kindern Zahnhygiene zu vermitteln und in der Einrichtung zu ermöglichen. Inzwischen kommen aber auch Zweifel auf, dass es sinnvoll ist, in Kitas und Horten oder OGS Zähne zu putzen. Viel zu oft werden Zahnbürsten verwechselt, verschmutzt oder nicht gründlich gereinigt bzw. getrocknet. So landen schließlich mehr Bakterien im Mund als weggeputzt werden. Außerdem putzen die Kinder ihre Zähne nicht „richtig", also langsam „von rot nach weiß", weil sie sich nicht die Zeit dafür nehmen wollen, wenn ihre Freunde schon auf sie warten. Es ist keine aktuelle Studie darüber zu finden, ob es trotz dieser Zweifel sinnvoll ist, Kinder zum Zähneputzen in Einrichtungen zu verpflichten oder zumindest zu ermuntern. Es muss also jeder Träger, jedes Team und schließlich jede Familie selbst entscheiden, wie sie es handhaben möchten.

Damit aber keine Unstimmigkeiten aufkommen, muss sich das Team klar dazu äußern. Sobald Sie abgesprochen und entschieden haben, wie Sie mit dem Thema umgehen möchten, sollten Sie dies auch in der Konzeption festlegen und nach außen tragen. Wollen Sie, dass alle Kinder Zähne putzen, müssen Sie dies den Eltern auch vermitteln. Dabei werden Sie vermutlich auf Gegenstimmen stoßen, die Sie mit Ihren guten Argumenten hoffentlich überzeugen können. Im Sinne einer wertschätzenden, respektvollen Erziehung sollten Sie jedoch dazu übergehen, Zähneputzen anzuregen und zu ermöglichen, nicht jedoch zu verpflichten. Laden Sie eine Fachkraft ein, die den Kindern (noch mal) zeigt, wie sie richtig Zähne putzen.

Kinder mit festen Zahnspangen sind eine Ausnahme. Normalerweise sind sie mindestens elf Jahre alt, weil dann die hinteren Backenzähne erst vollständig gewachsen sind. Daher wird es in Ihrer Einrichtung eher selten Kinder mit Zahnspangen geben. Falls doch, sollten Sie sie darin unterstützen, ihre Zähne bzw. die Spange nach dem Essen gründlich zu reinigen. Meist haben die Kinder die Anweisungen der Kieferorthopäden bereits schnell verinnerlicht und kommen gut allein zurecht. Manchmal brauchen Sie aber auch Ermunterung, vor allem anfangs, weil es recht mühsam, lästig und manchmal schmerzhaft ist, mit der Spange klarzukommen. Wollen Sie das Zähneputzen selbst gar nicht unterstützen, können Sie es natürlich trotzdem erlauben.

Zusammengefasst:
Zähneputzen in einer sozialpädagogischen Einrichtung ist keine Pflicht, sollte jedoch den Grundschulkindern ermöglicht werden. Wenn sie ihre Zähne putzen, muss für ausreichend Hygiene gesorgt sein.

Handys

Smartphones sind eine faszinierende Erfindung unseres Jahrhunderts. Leider bieten sie so viel, dass es schwer ist, sich ihnen zu entziehen. Ständig suggerieren sie uns, wie wichtig wir sind, wenn sie vibrieren und Töne von sich geben, um uns über Neuigkeiten zu informieren. Es ist leicht, in eine virtuelle Welt abzutauchen, viel schwerer, in der realen Welt zu bestehen. Logisch, dass (nicht nur) Kinder und Jugendliche sich von ihren Smartphones beherrschen lassen, statt diese selbst zu beherrschen.
In den meisten Schulen sind Handys jeglicher Art schlichtweg verboten. Selbst an Schulen, die stark digitalisiert sind, gibt es statt der eigenen Handys Tablets für die Schüler oder Laptops und PCs, um zu recherchieren oder Aufgaben zu lösen. Fotografieren und Filmen mit Smartphones ist vor allem verboten, weil leider immer wieder Fotos und Videos ins Internet gestellt werden. Damit wird die Privatsphäre der Aufgenommenen verletzt und im schlimmsten Fall jemand bloßgestellt. Selbst wenn Bilder aus einem ganz positiven Grund irgendwo gepostet werden, z. B. um sich selbst darzustellen, wie man sein Pausenbrot isst, dürfen keine anderen Schüler, Lehrer und Räume abgebildet sein. Dies ist verboten, wenn dafür keine schriftliche Erlaubnis eingeholt wurde. Einfacher ist es also, die smarten Geräte ganz zu verbieten. Doch wie sollen die Kinder und Jugendlichen dann den Umgang damit lernen?
Grundsätzlich sollen Kinder unter neun Jahren gar keine Smartphones besitzen, damit sie davon nicht negativ beeinflusst werden und aktiv leben und lernen.[19]
Es ist also nicht nötig, über die Erlaubnis einer Nutzung in Grundschulhorten und Ganztagsschulen nachzudenken. Wer ein solches Gerät besitzt, darf es nur benutzen, wenn er den Aufsichtsbereich verlassen hat, also **vor oder nach der Betreuungszeit**. Um Konflikte zu vermeiden, ist es sinnvoll, gar keine Kompromisse einzugehen, da sicher einige Kinder bereits ein Smartphone besitzen und andere ihnen nacheifern möchten. Wenn Kinder ihre arbeitenden Eltern erreichen möchten, können sie vom Festnetztelefon der Einrichtung anrufen, sofern es notwendig ist. Andersherum können auch Eltern, die ihre Kinder unbedingt erreichen wollen, in der Einrichtung anrufen. Um den Eltern deutlich zu erklären, dass die Regeln für alle gleich gelten, können Sie die genannten Argumente nutzen. Um Kindern ein Vorbild zu sein, müssen Sie auch selbst über die Nutzung Ihres Smartphones nachdenken und sich im Team darüber absprechen. Sinnvoll ist es, auch für das Team ein absolutes Smartphone-Verbot auszusprechen. Niemand muss während der Arbeitszeit seine privaten Nachrichten lesen und beantworten. Die Teammitglieder können in ihren Pausen nachsehen, ob es wichtige Nachrichten gibt, und sind so nicht ständig abgelenkt. Kinder, die mitbekommen, dass Erzieherinnen immer wieder auf ihre Handys sehen oder sogar darauf herumtippen, werden neugierig, was sie machen. Es erscheint ihnen so, als sei es normal und vielleicht auch sehr wichtig, dies zu tun. Denn die Erwachsenen sind sehr konzentriert auf diese Tätigkeit, können sich dann weniger auf die Kinder konzentrieren und scheinen wie magisch von ihren Geräten angezogen zu werden.

Zusammengefasst:
Smartphones können nützlich sein, wenn sie sinnvoll eingesetzt werden. Leider werden sie jedoch meist zur Konsumfalle, weil ihre Besitzer sich von ihnen abhängig machen. Ob Kinder in einer sozialpädagogischen Einrichtung für Grundschüler Handys benutzen dürfen, muss gemeinsam mit Eltern und Träger entschieden und festgelegt werden. Soll es Ausnahmen geben, müssen auch die festgelegt werden, damit sich niemand benachteiligt fühlt und alle Beteiligten wissen, wonach sie sich richten sollen. Auch das Personal muss sich an die Regeln halten und Vorbild für die Kinder sein.

© Syda Productions – Fotolia.com

[19] Vgl. https://www.schau-hin.info/artikel/goldene-regeln-fuer-kinder-von-7-10-smartphone-tablet/ (letzter Aufruf 22.05.2019).

Wenn's Probleme gibt

Wenn Eltern „hetzen" – Mobbing und Streitereien

„Wenn mein Max bei der Dilara Hausaufgaben macht, wird er nie fertig und hat eine Menge Fehler."
„Ja, das geht meiner Mia genauso. Aber was will man erwarten, die Dilara kann ja nicht mal richtig Deutsch."
„Ich finde, wir sollten mal beim Elternstammtisch bereden, was wir tun können. Ich hab ja schon mit der Leitung geredet, aber die macht ja auch nichts. Wenn's nach mir geht, sollten sie die Dilara gar nicht für die Hausaufgaben einsetzen. Die kann doch den Küchendienst machen."

Vorurteil oder Erkenntnis?

„Gestern hatte Theresa wieder so verfilzte Haare. Bestimmt schleppt sie wieder Läuse ein. Naja, kein Wunder, wenn man sich die Mutter anschaut: Noch nicht mal richtig erwachsen und schon zwei Kinder. Einen Mann hat sie auch nicht und so, wie die ausschaut, würde es mich nicht wundern, wenn sie Drogen nimmt."

Subjektive Wahrnehmungen, gepaart mit Unzufriedenheit und Unsicherheit, führen häufig zu negativen Meinungsäußerungen. Da wird schnell ausgesprochen, was gerade nervt, ohne über die **Tragweite** der Äußerung nachzudenken. Diese Äußerungen wiederum, treffen sie auf Gleichgesinnte, führen dann möglicherweise zu einer Hetzjagd bzw. Mobbing gegen eine Person oder eine ganze Familie. Populismus ist nicht nur in der Politik modern geworden. Auch „ganz normale" Eltern äußern sich populistisch, wenn sie Situationen vereinfacht darstellen, aufs Kleinste zuspitzen und dabei Gefühle ansprechen. Meist geht es von Eltern aus und betrifft eine pädagogische Mitarbeiterin. Häufig aber trifft es auch Eltern oder sogar Kinder. Lassen Sie dies nicht zu!
Um Tratsch und negative Kommunikation zu vermeiden, ist ein **offener, zuverlässiger Informationsaustausch** sehr wichtig. Wer Bescheid weiß, muss keine Informationslücken mit Klatsch oder Fantasieszenarien erfinden. Es reicht aber nicht aus, Eltern mit Informationen zu füttern. Die Infos müssen auch verstanden werden. Dabei ist der freundliche, wertschätzende Ton ebenso wichtig wie bei der Arbeit mit den Kindern. Außerdem sollten Sie gewisse Grenzen aufzeigen. Informationen über das Personal z. B. dürfen sich auf den beruflichen Bereich beschränken. Niemand ist verpflichtet, persönliche Daten preiszugeben, wie das Alter, den Familienstand oder gar die sexuelle Orientierung. Was aber tun, wenn beispielsweise Eltern vermuten, die Mitarbeiterin sei lesbisch und würde die Mädchen des Hortes dahin gehend beeinflussen? Informieren und Grenzen aufzeigen! Betrifft es nur ein oder zwei Personen, zwischen denen Sie vielleicht ein Gespräch mit anhören, sprechen Sie diese direkt an. Kursieren die Gerüchte schon in der weiteren Elternschaft, setzen Sie eine Infoveranstaltung an oder schreiben Sie einen Rundbrief (oder eine Mail).

Wichtig:
Interna und Informationen über Kollegen werden niemals an Eltern oder andere Personen weitergegeben!
Sprechen Sie sofort mit Ihrem Team oder dem Lehrerkollegium, wenn Sie Tratsch oder Hetzereien bemerken, um möglichem Mobbing vorzubeugen!

Pflegen Sie stets eine positive, freundliche und aufmerksame **Gesprächskultur** mit den Eltern, den Kindern und auch im Team. So trauen sich Eltern, nachzufragen, wenn sie unsicher oder neugierig sind. Zeigen Sie jedoch auch Grenzen auf, wenn Ihnen Fragen zu persönlich werden.
Manchmal helfen Gespräche und eine positive Haltung nicht, um eine sehr angespannte Situation zu lösen. Sind die Fronten zu stark verhärtet, die Betroffenen sehr emotional, hilft es nur, eine neutrale Person einzuschalten, wie z. B. eine Supervisorin oder Mediatorin.

Info:

Supervision: lat. super = darüber, oben; visio = sehen, Leitung. Im sozialpädagogischen Bereich: Anleitung und Unterstützung bei der Aufarbeitung beruflicher Probleme; oft geht es um die Sache und die Verflechtungen mit persönlichen Anteilen sowie darum, analytische Kompetenzen zu stärken.[20]

Mediation: Gesprächsbegleitung und Vermittlung zwischen zwei Personen oder Parteien, um eine friedliche Einigung zu finden.

Mobbing: planmäßige, feindselige, intrigante Handlungen über einen längeren Zeitraum [...] meist mit dem Ziel, das Opfer aus seiner Position zu vertreiben.[21]

Je nach Konflikt und Situation finden Einzel-, 2er- oder Team- bzw. Gruppengespräche statt. Der Konflikt wird benannt und die Situation erfasst, um sie schließlich mit individuellen Strategien aufzuarbeiten. Der Blick von außen auf eine Konfliktsituation ermöglicht, sachlich zu sehen, woran ein gegenseitiges Verstehen scheitert. Der Weg zu einer für alle guten Lösung kann lange dauern und insbesondere bei einer **Supervision** sehr gefühlsbetont sein. Eigene Schwächen, aber auch Stärken könnten sichtbar bzw. bewusst gemacht und Blockaden gelöst werden. Für alle Beteiligten ist es wichtig, vorher zu wissen, worauf sie sich einlassen. Auch wenn weder die Supervision noch die Mediation mit einer Verhaltenstherapie gleichzusetzen sind, können sie im Menschen einige verdeckte innere Konflikte aufbrechen und dazu beitragen, Verhalten zu überdenken. Dann ist eine **professionelle Betreuung** besonders wichtig, um die jeweilige Person zu unterstützen.

Ein gut ausgearbeitetes **Beschwerdemanagement** und spezifische Deeskalationsstrategien, die für das gesamte Team gelten, können den Umgang mit schwierigen Situationen erleichtern. Allen Beteiligten bietet es Sicherheit im Vorgehen und den Rückhalt des Teams, wenn gemeinsam Regeln festgelegt werden. Folgende Schritte können Sie unternehmen, wenn sich Eltern oder Lehrer beschweren:

- den Konflikt erfassen:
  - zuhören bzw. lesen und zunächst annehmen, was Sie erfahren
  - den Verlauf des Konfliktes bis zum jetzigen Zeitpunkt eruieren
  - die beteiligten Personen herausfinden
- bei spontanen Gesprächen auf einen späteren Gesprächstermin verweisen
- mit einer Kollegin, der Leitung bzw. dem Team über die Situation/Beschwerde sprechen und eine Strategie überlegen, wie mit der Person zu sprechen ist
- beim angesetzten Termin mit der Person sprechen:
  - die Frage/Beschwerde mit eigenen Worten äußern und eine mögliche Frage in den Raum stellen, die darauf abzielt, zu verstehen, wo das Problem der Person liegt (z. B. „Es ärgert Sie, dass Lukas ständig in verschmutzten Hosen nach Hause kommt. „Was stört Sie konkret?" Oder: „Was wünschen Sie sich von mir?")
  - eine Lösung anbieten, wenn die Person nicht schon selbst eine anbietet
  - sachlich sprechen, bis eine Lösung gefunden ist, die beide Seiten akzeptieren können
  - abschließend das Besprochene zusammenfassen, nächste Schritte in Aussicht stellen oder einen weiteren Termin vereinbaren.

Letztendlich heißt es auch bei Konflikten, Beschwerden, eskalierenden Situationen und Hetzereien zwischen den Eltern stets: Bleiben Sie gelassen, freundlich und möglichst **sachlich**. Persönliche Empfindungen sind hier fehl am Platz, denn egal worum es geht, Sie sind als pädagogische Fachkraft in der Einrichtung und stehen als solche vor den Eltern. Machen Sie sich dies bewusst und handeln Sie **professionell**, nicht emotional. Vergessen Sie dabei nie den freundlichen und wertschätzenden, gewaltfreien Umgangston, dann kommt Ihnen auch von den Eltern gewiss bald wieder etwas Positives entgegen.

[20] Vgl. Büchin-Wilhelm; Jaszus 2013, S. 114.

[21] Vgl. ebd.

Wenn Kinder zu „Problemkindern" werden

Kinder, die ständig laut sind, andere hauen, nicht folgen und einfach alle um sie herum anstrengen, werden bald als schwierig angesehen oder zu sogenannten „Problemkindern" deklariert. Mit **wertschätzendem Blick** gesehen, ist jedes Kind ein Kind und das Problem liegt eher im System, in der Organisation von Abläufen und in der pädagogischen Arbeit. Es könnte natürlich auch sein, dass das Problem beim Kind liegt, es aber nichts dafür kann, weil es in seiner Situation und in seinem Umfeld Handlungsstrategien erlernt hat, die in der Einrichtung anecken. In diesem Fall kann das Kind nichts dafür. Denken Sie daran, wenn Sie sich mal wieder ärgern, weil Lukas ständig den Stuhl umschmeißt und laut lacht, obwohl bei den Hausaufgaben Ruhe herrschen soll. Denken Sie daran, wenn Silja wieder heimlich am Handy daddelt, statt das Geschirr vom Nachtisch abzuräumen.

Es sind Kinder mit Bedürfnissen und ihrem ganz eigenen Charakter. Sie haben gewisse Verhaltensweisen gelernt, die sie prägen, und müssen nun den ganzen Tag mit Regeln zurechtkommen, die ihnen auferlegt werden. Was aber, wenn ein Kind die Gruppe vollkommen aus dem Ruder bringt? Eine Gruppe ist genauso wichtig wie das einzelne Kind. Denn wie in einem Schwarm Vögel oder Fische dient die Gruppe als Halt, Orientierung und Schutz.

„Wir Pädagogen neigen dazu, Kindern mit besonderen Problemen (seien es nun Verhaltens-, Lern- oder sonstige Schwierigkeiten) besonders viel Zeit, Aufmerksamkeit, Gedanken, Energie und Kraft zu schenken. Das ist Teil unserer Berufsauffassung und unseres Erziehungsauftrags. Die Folge kann sein, dass wir darüber die Gruppe aus den Augen verlieren, die die gleichen Bedürfnisse und das gleiche Recht hat wie der Einzelne. Das sollte uns bewusst sein.

Verlangt uns das Verhalten oder das Problem eines Gruppenmitglieds eine Entscheidung ab, hat der Schutz der Gruppe Vorrang. Für den Einzelnen muss eine andere angemessene Lösung gefunden werden (...)."[22]

Dieser Ansatz aus der systemischen Pädagogik klingt vielleicht etwas radikal, beim genauen Hinsehen aber wird deutlich, dass der Schutz der Gruppe auch für das einzelne „Problemkind" Schutz bietet. Es hat nun die Möglichkeit, sich wieder in die Gruppe zu integrieren oder aber zu gehen und sich eine neue Gruppe zu suchen, in der es sich besser aufgehoben fühlt. Die „angemessene Lösung" für das Kind kann dann eine Fördermaßnahme, eine Umstrukturierung im Gruppenalltag, bestimmte Unterstützungen, Beratung von außen und vor allem eine intensive Elternberatung sein oder aber letzten Endes der Austritt aus der Einrichtung.

[22] Gollor 2015, S. 16.

Kinder suchen sich nie freiwillig aus, zu stören, anzuecken und aufzufallen. Es hat immer einen **Grund**, den es zu erforschen gilt. Daher sollten folgende Schritte eingehalten werden, bevor eine Entscheidung über das weitere Vorgehen und die pädagogischen Maßnahmen getroffen wird:

- beobachten und prüfen, was dahintersteckt
- im Team besprechen/austauschen, was die anderen beobachtet haben
- mit dem Kind sprechen
- wenn möglich, zunächst eine gemeinsame Lösung für das Kind und die Gruppe finden
- mit den Eltern sprechen, ggf. vereinbaren, wie gemeinsam vorgegangen wird
- ggf. Beratung/Hilfe von außen hinzuholen
- bei Verdacht auf Missbrauch, Vernachlässigung, Krankheit usw. die entsprechenden Schritte einleiten

Im Gespräch mit den Eltern können gemeinsame Erziehungsziele gefasst werden, die auch das Kind anstreben will. Das bedeutet, solche Gespräche müssen immer gemeinsam mit dem Kind stattfinden. Ein sogenannter „Erziehungsvertrag" (s. S. 78), eine Vereinbarung über die abgesteckten Ziele, hilft, die Ernsthaftigkeit zu vermitteln und an die Aufgaben zu erinnern. Diese Vereinbarungen müssen dann natürlich auch überprüft werden, durch Beobachtungen, Austausch und weitere Gesprächstermine.

Wenn gar nichts hilft, das Kind sein Verhalten nicht ändern kann und die Eltern nicht bereit sind, gemeinsame Lösungen zu finden, ist es nötig, eine Kündigung auszusprechen. Die rechtlichen Bedingungen dazu stehen bestenfalls im Aufnahmevertrag und sind bindend. Informieren Sie bzw. Ihre Leitung sich beim Träger, welche Schritte Sie befolgen müssen, damit die Eltern nicht vor den Kopf gestoßen werden. Häufig soll zunächst eine schriftliche Abmahnung erfolgen, die Eltern daran erinnert, dass sie den Platz für ihr Kind verlieren, wenn sie die Zusammenarbeit verweigern. Solche Kündigungen kommen jedoch meist eher vor, wenn Eltern die Gebühren nicht zahlen oder ihr Kind wochenlang nicht krankmelden. Sollte es jedoch aus pädagogischer Sicht nicht mehr tragbar sein, das Kind in der Gruppe zu lassen, müssen Sie den Mut aufbringen, den Platz zu kündigen.

Erziehungsvereinbarung

zwischen (Name des Kindes) ....,

der Einrichtung ....

und der/dem Erziehungsberechtigten ....

Bei unserem Gespräch haben wir uns auf folgende Ziele geeinigt:

- ....
- ....
- ....
- ....
- ....

Auf folgende Schritte/Unterstützung/Maßnahmen haben wir uns geeinigt:

- ....
- ....
- ....
- ....
- ....

Unser nächster Gesprächstermin ist am ....

Datum ....

Unterschriften

Kind ....

Erziehungsberechtigte ....

Vertretung der Einrichtung/Gruppe ....

Quellen

Bertelsmann Stiftung (Hrsg.) (2019):
Gute Ganztagsschulen entwickeln. Zwischenbilanz und Perspektiven.
Gütersloh: Verlag Bertelsmann Stiftung.

Betz, Tanja (2015):
Das Ideal der Bildungs- und Erziehungspartnerschaft. Kritische Fragen an eine verstärkte Zusammenarbeit zwischen Kindertageseinrichtungen, Grundschulen und Familien.
Gütersloh: Verlag Bertelsmann Stiftung.

Büchin-Wilhelm, Irmgard; Jaszus, Rainer (2013):
Fachbegriffe für Erzieherinnen und Erzieher.
Hamburg: Verlag Handwerk und Technik. 8. unveränderte Aufl.

Duden: www.duden.de

Gollor, Erika (2015):
Hier fühle ich mich wohl. Systemische Pädagogik in der Grundschule.
Heidelberg: Carl-Auer.

Ministerium für Integration, Familie, Kinder, Jugend und Frauen, Rheinland-Pfalz (Hrsg.) (2017):
Bildungs- und Erziehungsempfehlungen für Kindertagesstätten in Rheinland-Pfalz.
Berlin: Cornelsen. 3. Aufl.

Ministerium für Bildung, Wissenschaft und Kultur in Mecklenburg-Vorpommern (2011) (Hrsg.):
Bildungskonzeption für 0- bis 10-jährige Kinder in Mecklenburg-Vorpommern. Zur Arbeit in Kindertageseinrichtungen und Kindertagespflege.

Ministerium für Familie, Kinder, Jugend, Kultur und Sport des Landes Nordrhein-Westfalen; Ministerium für Schule und Weiterbildung des Landes Nordrhein-Westfalen (Hrsg.) (2016):
Bildungsgrundsätze für Kinder von 0 bis 10 Jahren in Kindertagesbetreuung und Schulen im Primarbereich in Nordrhein-Westfalen.
Freiburg: Herder.

Ministerium für Soziales, Gesundheit, Familie und Gleichstellung des Landes Schleswig-Holstein (Hrsg.) (2012):
Erfolgreich starten. Leitlinien zum Bildungsauftrag in Kindertageseinrichtungen.
Stand 2012

Sächsisches Staatsministerium (Hrsg.) (2011):
Der Sächsische Bildungsplan – ein Leitfaden für pädagogische Fachkräfte in Krippen, Kindergärten und Horten sowie für Kindertagespflege.
Kiliansroda: verlag das netz.

Schau hin, was dein Kind mit Medien macht (o. J.):
Goldene Regeln für Kinder von 7 bis 10 Jahren: Smartphone & Tablet.
Link: https://www.schau-hin.info/artikel/goldene-regeln-fuer-kinder-von-7-10-smartphone-tablet/ (letzter Aufruf: 23.05.2019)

Schulz von Thun, Friedemann (2011):
Miteinander reden 1: Störungen und Klärungen. Allgemeine Psychologie der Kommunikation.
Reinbek: Rowohlt. 49. Aufl.

Wagner, Yvonne (2014):
Kita-Konzeptionen schreiben leicht gemacht. Formulierungshilfen, Gestaltungsvorschläge, Ideen zum Weiterentwickeln.
Mülheim a. d. Ruhr: Verlag an der Ruhr.

Medientipps

Ahl, Kati (2019):
Elterngespräche konstruktiv führen: Systemisches Handwerkszeug.
Vandenhoeck & Ruprecht
ISBN 978-3-5257-0274-1

Andernach, Nina; Boßhammer, Herbert; Schröder, Birgit (Serviceagentur „Ganztägig lernen" NRW, Hrsg.) (2015):
Eltern aktiv – kreative Wege der Mitgestaltung in der Ganztagsschule
Aus der Reihe: Der GanzTag in NRW – Beiträge zur Qualitätsentwicklung. 11. Jahrgang. Heft 30. 2015
Institut für soziale Arbeit e. V.

Baer, Ulrich; Schorn, Brigitte; Waschk, Marietheres (2017):
Spiele und Aktionen im Ganztag. Grundlagen – Erfahrungen – Spielvorschläge.
Kallmeyer
ISBN 978-3-7727-1152-7

Bratscher, Matthias et al. (Serviceagentur „Ganztägig lernen" NRW, Hrsg.) (2010):
Bildungs- und Erziehungspartnerschaft. Rahmenkonzeption für die konstruktive Zusammenarbeit mit Eltern in Ganztagsschulen.
Aus der Reihe: Der GanzTag in NRW – Beiträge zur Qualitätsentwicklung. 6. Jahrgang. Heft 18.
Institut für soziale Arbeit e. V.

Flack, Lisa et al. (2019):
Hausaufgaben: Lern- und Übungszeiten pädagogisch gestalten. Qualität in Hort, Schulkindbetreuung und Ganztagsschule.
Herder
ISBN 978-3-4513-8040-2

Gebauer, Christina; Wagner, Yvonne (2014):
Die eigene Kita-Homepage gestalten. Inhalt und Aufbau planen, Datenschutz und Finanzen klären, Eltern und Öffentlichkeit erreichen.
Verlag an der Ruhr
ISBN 978-3-8346-2413-0

Grimm, Wendelin; Schulz-Gade, Gunild (2015):
Übungs- und Lernzeiten an der Ganztagsschule. Ein Praxisleitfaden zur Integration von Hausaufgaben in den Ganztag.
Debus Pädagogik
ISBN 978-3-9541-4039-8

Redaktionsteam Verlag an der Ruhr (2019):
Unsere Regeln in Ganztag und Hort
Verlag an der Ruhr
ISBN 978-3-8346-4089-5